中学校音楽サポートBOOKS

中学生に一目おかれる「うんちく」が満載!

いつどこで何をすればよいかわかる「出番」が明快!

中学生を本気にさせる！

学級担任のための 合唱コンクール指導

小村 聡 著

明治図書

はじめに

「なんで合唱？……」「合唱ってなんだろう？……」

　中学校の3年間を昆虫にたとえるなら「さなぎ」でいる時間です。幼虫からさなぎになって成虫になるためにじっくりエネルギーを蓄える時間といえます。そして「自分ってなんだろう？」とわけのわからない深い迷いの感覚におちいり，もがく時間でもあり，心と身体のバランスが崩れ，心が浮遊し，地に足がつかない時間を過ごします。それは人生の中で最ももがき苦しむ時間です。

　そんなもがき苦しむときに経験する「クラス合唱」は，生徒たちの心の揺れ動きを演出してくれます。いや，生徒だけではありません。学級担任の心も大きく揺り動かします。「クラス合唱」を通しての心のぶつかり合いや打ち解け合いを経験して成長するのは，生徒，学級担任の両方です。

　「生徒たちの頑張りをあと押ししてやりたい」「生徒たちの笑顔を見たい」とあふれる思いはあるけれど，「なんで合唱？……」「合唱ってなんだろう？……」とよくわからない音楽の世界に迷走する学級担任のみなさんの少しのお役に立てればとの思いで書き綴らせていただきました。

　この本を手に取っていただくみなさまと生徒たちにとって，ほんの少しでも明日への風が吹きはじめるエネルギーになれば幸いです。

2018年8月

小村　聡

CONTENTS

3章 学級担任の出番を押さえる！ 合唱コンクール成功のToDoリスト

4章 最前線の学級担任がきっと出くわす！
あるある悩みQ＆A

1章

音楽苦手，歌うこと苦手，合唱指導なんてできない！を吹き飛ばす！

学級担任へのエール

秋の二大行事の一つである合唱コンクールは，中学生が大人へと脱皮していく前に経験する思春期の登竜門のようなものです。自分が生徒という立場だったときは，あるがままに取り組んでいたこの行事。しかし立場変わって，いざ学級担任として臨むとなった今，戸惑っていませんか？　音楽が苦手だからと言って尻込みしていませんか？　まずは音楽苦手，歌苦手でもいいです。でも学級担任として目の前にいる生徒たちにしてやれることはいっぱいありますよ。

1 古今東西 〜体育科 VS 音楽科 VS 担任〜

　古今東西，学校行事はいろいろあり，それぞれの学校や地域の特色，時代の背景を映し見ることができます。そんな中，古くから君臨し続けている秋の二大行事と言えば……それは，運動会と合唱コンクール。体育科 VS 音楽科!!

　古今東西，世間一般的なイメージとして，体育科教員が熱いのは当たり前……。どんなときも熱血で，冬でも汗をかき，「そこであきらめるのか，お前の力はそんなもんじゃない！」と大きな声で愛情という名の激を飛ばす……（ちょっと昭和っぽいですが）。しかし，音楽科教員の熱さもかなりのものです。一つの音色や音程にこだわり，「ハーモニーの乱れは心の乱れ，もっとお互いに向き合いなさい。そして気持ちを合わせるんです！　一音入魂！」とキラっとした微笑みを浮かべながら激を飛ばす……。

　実りの秋，収穫の秋に体育科教員が熱くなるか，それとも音楽科教員が熱くなるか!?　学校を熱くするのはどっち？

　ちょーっと待ったぁー！　何をおっしゃいますか。学校を熱くするのは担任です!!　生徒たちの一番近くにいて，生徒たちが一番心寄り添わせているのは誰ですか？　そう，現場の最前線にいるあなた，担任ですよ。あなたが熱くならなくてどうします。

　運動会と合唱コンクール，あなたは，両方に熱くなっていますか？　えっ!?　なになに，運動会では先頭に立って作戦を練ったり，練習中や競技中に大きな声を出したりして熱くなっているのに，合唱コンクールになると「音楽，苦手なので……」とつぶやいたり，「生徒の主体性を重んじて……」などと言葉をにごしたりして，トーンダウンして一歩も二歩も引いた位置に立っている。えーっ！　そんなのもったいないですよ。

　体育科よりも音楽科よりも熱くなっている担任は，古今東西，誰から見てもかっこいいものです。さぁ，熱くなりましょう。

2 なんで合唱？ 〜運動会 VS 合唱コンクール〜

運動会と合唱コンクールを比較してみましょう。

運動会	合唱コンクール
・体力の向上が図れる	・音楽的感性と表現力の向上が図れる
・色別対抗（縦割り編成）なので，３年生リーダーが光る	・クラス別対抗なので，クラスのリーダーが光る
・色組の団結が図れる	・クラスの団結が図れる
・大空のもと思いっきりはしゃげる	・会場ではしゃぐと叱られる
・競技中は大声で応援できる	・演奏中に私語をすると叱られる
・一日中，体操服での解放感を味わえる	・普段と変わらない制服
・運動が得意な人が光る	・歌やピアノが得意な人が光る
・複数種目での競い合いなので，一日かけて勝敗を競う	・１曲，または２曲披露したあとは審査待ち
・だれが見ても勝敗が明確	・数人の審査員のほぼ主観なので，勝敗が不透明
・応援合戦などの派手なパフォーマンスあり	・学級紹介などのパフォーマンスがあっても地味
・練習は短期決戦	・練習は長期決戦

なんとも軍配は，完全に運動会に上がったかのように思えますが……。

　運動会は，学年団体競技のような全員参加種目もあります。しかし，多くはその種目を得意とする生徒による個人競技です。一方，合唱コンクールは完全なる団体競技です。指揮者やピアニストなどの数人は，自分の得意なことをするわけですが，練習から本番まで完全に「みんな一緒」なわけです。ここが大きな違いであり，価値のあることです。

　だから合唱なんです。クラスのみんなが完全に同じ方向を向かなければ完成しないのが合唱なんです。それだけに担任として引っ張る難しさがありますが，達成したときの感動はそれ相応のものがあるはずです。担任以上に「音楽は苦手」「歌は苦手」などと思っている生徒はクラスの中にいっぱいいるはずです。そんな彼ら，彼女らの気持ちを同じ方向に向け，みんなが心を熱くすることにクラス合唱の価値があります。運動会よりも長い期間の練習では，男女の間に大きな溝ができたり，リーダー同士の歯車がかみ合わなくなったり，とにかくまとまらないことがいっぱいあります。クラスの中にストレスが溜まることもあります。しかし，歌が苦手な生徒も，音楽が苦手な担任も一緒になって熱くなって，一つのものを作り上げた喜びを分かち合おうではありませんか。

3 なんで合唱？ ～楽器 VS 声～

　音楽の分野で「みんな一緒」にできるものは，もう一つあります。それは合奏です。リコーダー，ピアノ，ギター，太鼓などによる器楽合奏もできないことはないです。しかし，それには楽器の数が必要です。小規模校なら生徒分の楽器の数をそろえることはできると思いますが，中規模校や大規模校では，それはそれは難しい話です。だからと言って，リコーダーだけの合奏……かなり極めれば醍醐味のある演奏になりますが，これもなかなか難しい話です。となると，お金もかからず，みんな一緒にでき，音楽的な味わいも感じられ，感動を得ることができるものは「合唱」となるわけです。

　楽器は人間の創造物ですが，声は神様がお与えくださった最高の楽器だと私は強く思います。一人の声からメロディが生まれ，そのまわりの声が合わさってハーモニーが生まれます。そして，口を動かすことでそこには同時に詩も語られ奏でられます。何ということでしょう。こんなすてきな楽器の存在を再認識したら，歌ってみたくなりませんか。ハモってみたくなりませんか。合唱したくなりませんか。

# 人はなんで歌うの？

　人はなぜ歌うのでしょう？　そんな問いをもったことはありませんか？みなさんも忘年会や友だちとの飲み会で歌っていますよね。私は教員生活29年目のある日，ふとした瞬間「なんで？」と考え込んでしまいました。学校でも歌っている，テレビをつけても歌っている，ラジオからも歌が聴こえてくる。歌うことに何も疑問を抱かず，歌うことが生活の一部になり，当たり前の感覚になっています。ですから，考えれば考えるほど深みにはまりだし，その日からすっきりしない気持ちを引きずる日々が始まりました。

　そこで思い切って，生徒たちにこんな問いを投げかけました。

　「文字をもたない民族があっても，歌をもたない民族はない」と言われています。では，人はなぜ歌うのでしょうか？　今年，ふとしたことからこの問いにとりつかれてしまいました。実習生さんの授業を見ながら，テレビでの歌番組を観ながら，校内合唱コンクールの練習，そして本番を聴きながら……ずっと考えていました。今も考えています。

　あなたはどう考えますか？

　時間に余裕がある人は，ぜひ考えて，その考えを聞かせてください。

　実は，これは期末テストの問題の最後の余白を使って投げかけました。私の切実な思いがペーパーを通して伝わったのか，私が出題した1・3年生計273人中，なんと228人もの生徒が自分の考えを綴ってくれました。いくつか紹介します。

○1年生

歌うと楽しくなるし，歌うと気持ちいいから歌うのだと思います。

歌は，言葉以上（詩を読んだとき以上）の表現ができるからだと思います。

伝えたいことがあるから歌うと思います。伝えたいことがないと，ただの気晴らしになってしまうので，そうなると歌は自然と消滅していってしまうと思います。

歌を歌うことによって，人は快楽を感じたり，人の心の支えになったり，気分を歌によって換えたりできると思います。また，歌を聴いて集中できたりもします。「文字をもたない民族があっても，歌をもたない民族はない」というのは，その土地の風土や伝統を歌で引き継ぐことで残しているからだと思います。

僕の場合は，家などでいつの間にか歌を口ずさんでいます。だから深く考えたことがありませんでした。本能的に音程をつけた言葉をしゃべりたくなっているのでしょうか。

○3年生

歌うということは，人間に与えられた本能だから。

歌や音楽は，言葉がわからなくても気持ちで通じ合えるもの。万国共通みたいなものだと思います。だから歌うと思います。

歌うということは，自分の存在を確かめ，周りにいる人のことを思うこと。だから人は歌うのだと思います。

校内合唱コンクールでみんなと歌ったとき，一つになったように感じました。また，私たちの歌を聴いて「感動した」と言ってくださった人もいたと聞きました。歌があれば，文字がなくても気持ちを伝えられる，そんな力を持っているから，人は歌うのではないでしょうか。

曲を演奏したり，歌ったりするのが苦手な人はいますが，音楽そのものを嫌っている人は，この世の中にはいないと思います。どんな人でも音楽を聴き，歌い，あるいは口ずさんで音楽と触れ合っているからです。そんな中でも歌は，曲にメッセージを込めた大事なコミュニケーション手段であると思います。歌は人の支えになり，人の心を癒す，そんな存在です。歌，あるいは音楽は，人にとって身近であり，なくてはならない存在なのです。そして人は，歌とともに歴史を歩んできました。だから，歌は人にとって大切なものだと思うし，だから人は歌うのだと思います。

　多くの生徒の考えは，「楽しいから」「ストレス発散になるから」「言葉では伝えられない思いを伝えたいから」「歌うと笑顔になれるから」「心の内を表現するため」などというものでした。
　そんな中で，これは神的な考えだと驚いた二つを紹介します。

「人は歌う」ではなく，「歌うのが人」という解釈ならどうでしょうか。12歳の私が言うのはなんですが，人は自分の気持ちを誰かに伝えたい，理解してもらいたい生き物です。だから人は，昔から「歌」と言っていたわけではなく，言葉に音をつけて人に伝えていたんじゃないかなと私は思います。歌はすばらしいものです。歌は誰かが発明したものでもなく，生み出したものでもなく，自然と人が創り出したもの。それが「歌」なんです。だから歌うんです。　　　　　　　　（1年生女子）

「歌」という概念そのものが人それぞれ。人は声を出すことができます。その声が単調で拍もないものでも，それを「歌」ということはできます。「声」を「歌」としてみるか，それは「歌」ではなく「単なる声」だと言うのか，人の主観によると思います。きっと「歌をもたない民族はない」というのは，「声」を「歌」としているのだと思います。「人が歌う」のではなく，「人の声」を「音楽や歌としてとらえる」ということだと思います。　　　　　　　　（3年生女子）

　この二人の考えには脱帽です。ここまで深く真剣に考えてくれたことにまず頭が下がります。そして，3年生女子の考えは，「歌」そのもののとらえについて綴っていて超深いです。この考えにはまたまた考え込んでしまいました。当分，抜け出せません（笑）。
　練習に行き詰まったとき，ちょっと歌うのを止めて，生徒たちに次のような問いを投げかけてみてはどうでしょうか。「今，なんで歌っているのか？」「なんのために歌っているのか？」……。

5 なんでコンクール？

「競い合い」という言葉で最初に思い浮かぶのはスポーツ界です。「世界陸上の新記録更新！」や「日本野球界の2,000本安打達成！」「○○連覇達成！」など，いろいろな種目による記録更新の話題が毎日のように報じられます。

スポーツほどニュース度は高くないですが，フランスのミシュランによるレストランやホテルのランキングの競い合いやお米やお酒などの品評会での競い合いもあります。

古今東西，人間はあらゆる分野において競い合うことで上を目指し，進化あるいは深化を遂げてきました。したがって，「競い合う」ことは，神様がお与えくださった，人間が成長，発展，深化していくための本能の一つなのではないかと思っています。

ここで，スポーツと芸術に絞って考えると，スポーツの競い合いと芸術の競い合いの一番の違いは，判定・審査の基準の透明度です。

スポーツの判定は，「スピードが速いか遅いか」「得点が多いか少ないか」「成功したか失敗したか」など誰が見てもはっきりします。最近では，悩ましい審判のジャッジに対してのビデオ検証も導入され，その判定はより納得いくものになっています。

一方，芸術はどうでしょう。万民を感動の渦に巻き込む演奏や作品がないとは言いませんが，誰が聴いても観ても同じ感想を抱くことはありません。なぜなら芸術での審査には審査する人の主観が入るからです。私は長年，校外で行われる部活動の合唱コンクールに出場していますが，県大会，中国支部大会，全国大会すべてにおいて，審査員の評価（順位）が全員一致したことはありません。

日本で一般の合唱コンクールが行われるようになったのは昭和の初期の頃です。日本における合唱の普及，成長，発展を願って始まったのだろうと思

いIます。しかし，そこには音楽の優劣を決めることへの批判が当然のごとくあったようです。私自身も，音楽科教員として音楽で競うことへの疑問を感じ，コンクールに出場することを止めようと思った時期もありました。今でも悩むことがあります。

　では，学校現場において，この悩ましいコンクールをする必要があるのでしょうか？　「コンクール」ではなく「発表会」ではいけないのでしょうか？　私は「発表会」でもいいと思っています。しかし，そこでまた悩みます。そこにはメリットとデメリットが混在するからです。

　名称を「コンクール」にすることで生徒たちの競い合う心に火をつけるでしょう。競い合う心に着火したことで生徒たちの目標に向かう心の成長や音楽的な深化が期待できます。しかし，**「音楽を勝つためにする」**という心を育ててしまうことにもなるかもしれません。

　一方，「発表会」にすることで競い合いの色合いは薄まって，**「音楽を勝つためにする」**とは思わないでしょう。しかし，生徒たちの心の成長や音楽的な深化がどれだけ期待できるでしょうか？　また，長い期間をかけて取り組む中での生徒たちのモチベーションをどれだけ維持できるのでしょうか？

　音楽で競い合う……悩まし過ぎます。

 競い合う合唱か？　認め合う合唱か？

　競い合うことだけに心奪われてしまうと，勝利第一主義が働いて勝つための音楽をすることになります。それはとても心狭い人間をつくることになってしまいます。

　一般の合唱コンクールでは，結果発表後に順位一覧表がロビーなどに掲示されます。その一覧を見るとどの審査員がどの団体を高く評価したかがわかります。それを見て，結果が思わしくなかった団体のメンバーやその関係者たちが，その団体の演奏を低く評価した審査員の悪口を言っている場面に出くわすことがあります。大人の団体です。それを聞くととても悲しくなります。

　こういう場面を見るたびに，コンクールの弊害を考えてしまいます。ですから学校現場では，お互いの演奏を認め合うことを忘れてはいけません。「競い合う合唱」と「認め合う合唱」の両軸をしっかり胸に刻みながら，競い合う場面と認め合う場面を仕組んでいくようにしましょう。

　たとえば，練習の過程で学年内での中間発表会で競い合わせたり，他のクラス（他学年の姉妹クラス）との聴き合いをして，お互いの演奏のいいところを認め合う場面を設けたりしてはどうでしょうか。また，1・2年生が3年生の演奏を聴くだけで，1・2年生の心には，より高いレベルの合唱を求めようとする意欲が芽生えると思います。

　ちょっと余談になります。

　「〜競い合う合唱から認め合う合唱へ〜」というフレーズがあります。これは，私の大親友，作曲家で合唱指揮者の松下耕氏が音楽監督を務め，2005年に始まった「軽井沢合唱フェスティバル」のキャッチフレーズです。コンクール第一主義のように進んでいる日本の合唱界の目を世界の合唱に向けさせたいとの熱い思いから始まったフェスティバルです。2015年の第11回にお

いて名称が「軽井沢国際合唱フェスティバル」となり、「子どもユースフェスタの部」も新設されました。国内はもちろん、海外からの参加もあり、合唱ざんまいの３日間です。

　私は2013年に初めて参加しました。そのときにどえらい衝撃を受け、「これは絶対に生徒たちに味わわせてやりたい空間だ」と強く思いました。そして２年後の夏、本校コーラス部*の生徒たち全員を引き連れて参加しました。初日の軽井沢駅近くの大型ショッピングモールでの歌いながらのパレードに始まり、台湾から参加の児童合唱団や国内の合唱団との交流会、そして「子どもユースフェスタ」のステージでは20分間も単独で歌わせていただきました。さらに国内外の招待合唱団の演奏も聴くことができ、本当に合唱ざんまいの３日間でした。おまけに超幸せなことに、４日目には軽井沢東部小学校にお邪魔させていただき、本校コーラス部の単独コンサートを開かせていただきました。わずか１時間半のコンサートでしたが、児童のみなさんとの笑顔あふれる貴重な空間と時間を経験させていただきました。

　この経験から、「認め合う合唱」というフレーズは、いつも私の心の柱になっています。

*本校合唱部の正式名称は「コーラス部」なので、今後の本校合唱部の表記は「コーラス部」とさせていただきます。

7 バナナを食べよう！

　「フィリピン人は，すごく陽気でよく歌うんだ。国際コンクールなどで海外の審査員と一緒になると，きまってフィリピンの審査員は，審査員室やトイレでずっと歌ってるよ。うそだと思うでしょ。本当なんだから。どうしてかと言うと，フィリピン人はよくバナナを食べるから。バナナを食べると，セロトニンが増えるんだよ。セロトニンって知ってる？」

　私がセロトニンと出会った瞬間です。松下耕氏が，本校コーラス部の指導中に切々と語ってくれました。私自身，そのときからバナナをよく食べるようになったし，コーラス部の練習中や大会遠征時にも，生徒たちによく食べさせるようになりました（笑）。

　セロトニンとは，脳内で働く神経伝達物質です。神経伝達物質は，セロトニンのほかドーパミン，ノルアドレナリン，アドレナリン，ヒスタミンなどがあるようですが，この中のドーパミン，ノルアドレナリン，セロトニンが三大神経伝達物質です（トップスリーをよく日本三大〇〇，世界三大〇〇のように言いますよね。オペラ界での世界三大テノールのパヴァロッティ，ドミンゴ，カレーラスのような偉大かつ貴重な存在ということです）。

　これらの物質は，感情や精神のコントロール，記憶や運動や睡眠など，重要な機能に深く関わっているようです。医学には興味のない私ですが，セロトニンには興味を持ち始めました。

　セロトニンは，別名「幸福のホルモン」と言われ，精神を安定させ，心地よさや爽快感を生み出し，私たちの生活の幸福度に大きな影響を与えているようです。

【セロトニンを増やす方法】

①よく笑う

「笑う門には福来る」と昔の人はよく言ったものですね。笑うとセロトニンが脳内に増えていたんですね。昔の人は知っていたのかな？

②セロトニンの構成物質を食事から摂取する

バナナ，大豆，納豆，豆腐，味噌，ゴマ，卵，牛乳，豆乳，チーズなどから摂れますよ。

　音楽が苦手，歌うことが苦手，合唱の指導なんてできないと思っている先生，毎日の仕事にため息をついている先生，バナナですよ。笑いながらバナナを食べて，明日も元気に生徒と向き合いましょう！！

8 心が動けば身体が動く！

　毎日の通勤ご苦労様です。朝は何時起きですか？　私は毎朝5時半起きです。冬になって雪が降った日などはさらに起床時間は早まります。冬は布団からの脱出の辛さが増しますよね。

　そんな寒いときや身体が疲れているときでも，「今日の授業は準備も頑張ったし楽しみだぞぉ〜！」「今日の合唱練習ではこんな話をしてやろう！」「こんな練習をリーダーたちに提案してみようかな！」などの心のスタンバイがあれば身体は動くものです。

　「心が動けば身体が動く！」 これは私のモットーです。

　「音楽苦手だなぁ〜」「今日も合唱練習かぁ」「アドバイスなんてできないもんなぁ」と布団からなかなか出ようとしないあなた。この本を読んで，心のスタンバイをしましょう。

　このあとの2章では，「学級担任が知って得する！合唱うんちく38＋α」と題して「合唱づくり」をするときの話のネタになるようなことを紹介しています。「音楽は苦手だ」「合唱のことがよくわからない」という方の心に寄り添うつもりで，できるだけ興味をもっていただけるように書いたつもりです。ぜひページをめくってみてください。

　あっ！　そうだ！　前述の「7　バナナを食べよう！」もクラスでの合唱練習のときや朝終礼での話のネタとしてお使いください！

2章

学級担任が
知って得する！

合唱うんちく38＋α

日々の学校生活において，担任の熱い心は必要
不可欠です。しかし，ひと昔前の王道だった根
性論や精神論だけでは説得力が薄いです。もう
一歩踏み込んで生徒たちの心を揺さぶるために，
ほんのちょっとの音楽的な専門的知識やアドバ
イスポイント，豆知識の引き出しをもってみま
せんか。すると，自分自身もより熱くなってい
きますよ。
これから紹介するいろいろなアプローチの中か
らタイムリーなネタをど〜んと生徒たちにぶつ
けてみてください。

1 声からのアプローチ

unchiku 1　声の源～それは声帯！

　神様がお与えくださったわずか1～2cmの楽器の源。これを「声帯」と言います。のどの内部にある唇のような二枚の肉片が振動して音が生まれます。その音はとても弱々しく「ヴーヴー」といったきれいとは言えない音です。唇を合わせて息を吐き出してみてください。唇が振動して「ヴーヴー」と音が鳴りますよね。これと同じ原理です。

声帯を頭の上方から見たイメージ図

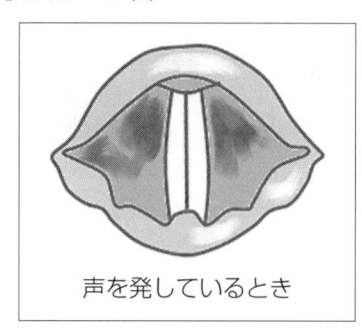

声を発していないとき　　　　声を発しているとき

　二枚の肉片の長さは，日本人の大人の男性の平均で約2cm，大人の女性で約1.5cmほどです。子どもの声帯はこれよりも短いです。

第二次性徴にともないこの声帯が伸びて変化する時期が「変声期」です。伸びるといっても男の子で約8～10㎜，女の子で3～4㎜ほどの小さな変化です。弦楽器に例えると，ヴァイオリンだったものが，男の子はコントラバスに，女の子がヴィオラになるイメージです。男の子は声がぐんと低くなり，おじさんの声に近づきます。女の子は多少音域が広くなり，艶やかな声質に変化していきます。

変声期中は声がかすれたり，男の子はしゃべっているときに声が高く裏返ったりします。変声は個人差があります。だいたい小学校高学年から中学生の時期に起こりますが，ほとんどの人が自分の声の変化に気付きません。

ヴィオラ

第二次性徴

コントラバス

ヴァイオリン

変声する前の声帯は，男の子も女の子も同じサイズなので，男の子も女の子も同じ高さの声でしゃべっています。

3 声の司令塔は脳みそ！

　人間のすべての感情，思考，言動をつかさどっているのは脳みそです。イメージも脳みそが働いています。では，こんなことをしてみましょう。次のような声をイメージして声を出してみましょう。

> ・ミッキーマウスの声
> ・カラスの鳴き声
> ・子犬の鳴き声
> ・ニワトリの鳴き声
> ・志村けんのバカ殿の声
> ・ダンディなおじさんの声
> ・宝塚歌劇団の男役の声

　どうです？　できましたか？　似ている，似てないは別にして，それっぽくできたことでしょう。

　あれ!?　ここで不思議に思いませんか？　それぞれの声の出し方を誰が教えてくれましたか？　そのような声を出すためには，そのような声を出す声帯筋や顔の表情筋の動きが起きているはずです。しかし，どの筋肉をどのように動かせばいいかなど誰に教わったわけでもありません。

　そう，自然に動いているんです。でも勝手に動いているわけではありません。すべて脳みそからのイメージが声帯筋や顔の表情筋に伝達されて，それらが反応して動いて声を出しているんです。イメージが声をつくっているんです。

　ですから，合唱においても「こんな声を出そう」というイメージが一番大切です。そして，イメージをもって歌うことは，どんな練習よりも上達への早道です。イメージさえできていれば，自ずと声帯筋や顔の表情筋はそのように働いてくれます。

4 声が溶け合うってどういうこと？

　合唱は，複数人で歌います。その複数人が一緒に同じ母音で同じ音程を発したときに，まるで一人の声のように聴こえることがあります。これが，声が溶け合うという現象です。

　では，どんな声が溶け合うのでしょうか？　油と水は溶け合いませんね。これは，油の成分と水の成分の違いによって，いくらかき混ぜても自然と分かれてしまい永遠に溶け合いません。

　では，「成分」を「声質」に置き換えましょう。AさんとBさんが同時に発した声の母音と音程が同じだとしても，二人の「声質」が違うと声は溶け合わないということです。

　さらに「声質」を「人の心」に置き換えてみます。頑な硬い心の人同士は，なかなか心を開いて分かち合うことができません。一方，柔軟な心の人同士は，早いうちに打ち解け合うことができますよね。

　声の溶け合いと，人の心の解け合いは同じ現象なのです。したがって，声も心もやわらかいほうがいいということです。

　では，そのやわらかい声質をつくるには，何をどうすればいいのでしょうか。このことついては，次項の「2　形からのアプローチ」のうんちく7で詳しく述べましょう。

　その前に，うんちく5とうんちく6を……。

油分→
水分→
=

声ってどうやったら響くの？

口の中には，声を響かせるスポットがあります。口を開けて息を吸ってみてください。すると，のどの奥の上に冷たく感じるところがありませんか。そこが声を響かせるスポット（響きのスポット）です。

そのスポットに「ハ〜」っと息をあてるように吐き出してみてください。声帯で起きた振動は，息に乗って運ばれてきます。その息が響きのスポットにあたれば，声帯の振動がスポットにあたるということです。息は，ベルトコンベアの役割です。

では，その響きのスポットの上には何があるのでしょうか？　そこには鼻の奥の広い洞窟があります。これを「鼻腔」といいます。響きのスポットにあたった振動が，洞窟内の空気に伝わり，洞窟内で振動が拡張されるわけです。実際の洞窟で「わぁ！」と声を出したら「わぁ〜〜〜〜！」と気持ちよく響きますよね。その現象が「鼻腔」の中で起きているのです。

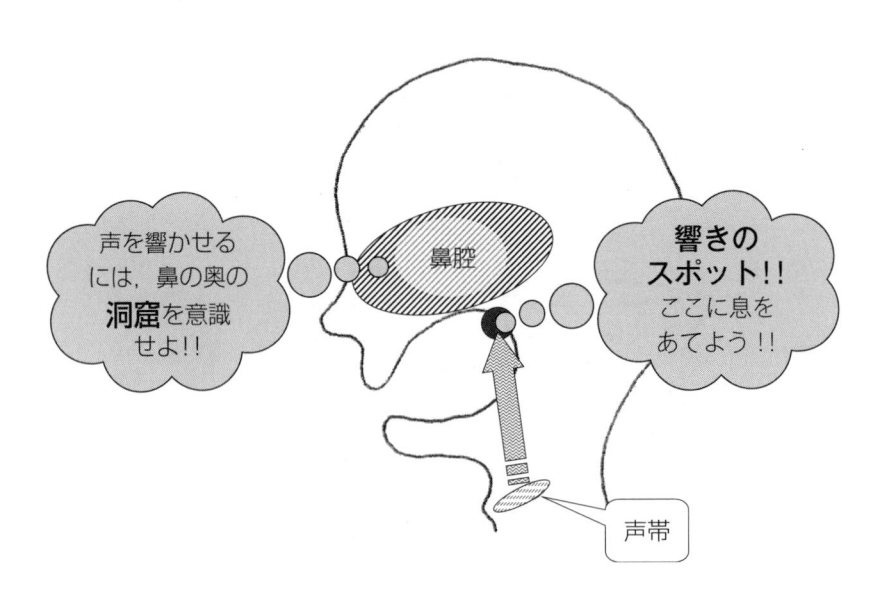

2 形からのアプローチ

歌うということは，体全体が楽器という認識をもちましょう。では，その楽器が本領を発揮してくれるためには，どうしたらいいのでしょう。

立ち姿勢は背中に壁！

足のつま先にやや重心をかけて，両足の指で床をつかむような感じで立ちましょう。そして，肩の力を抜いて，全身，特に上半身に無駄な力を入れないようにします。

壁を背にして立ってみてください。そのとき，かかと，ふくらはぎ，おしり，肩甲骨，後頭部の5か所が壁についているかを確認します。けっして肩などに力を入れないように立ちます。その姿勢を保ちながら3歩前進してみましょう。壁から抜け出したぎこちないロボットのような歩き方になりますよね。それは，普段の歩き姿勢が悪いからです。壁から離れたときに，自然に歩き出せるように練習してみましょう。

歌うときは，自分の後ろに見えない壁があると思って，壁に先ほどの5か所がついているイメージで立つようにします。

大阪弁のおもろい合唱指揮者の高嶋昌二さんいわく，「ちくわではあかんでー，ファゴットになりー！」……これ，名言です!!

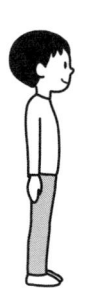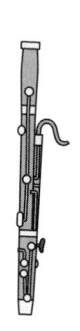

7 母音「あいうえお」のつくり方！

　私たちは，生まれ育ってから言葉の発音のやり方（口の開け方や唇，舌の動かし方など）を誰からも教わりません。幼児期に耳で聞いた周囲からの情報を脳みそが学習し発音をつくりだしています。ですから，ここで今さら口の開け方など言われてもと思われるでしょうが，ここでは，溶け合う声をつくるための口の形や動かし方についての**うんちく**をたれます。

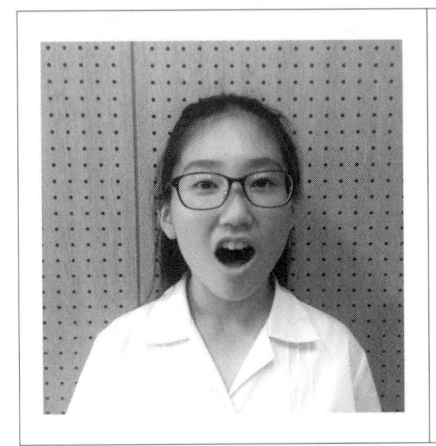

あくびをしてみましょう。のどの奥が広く開きますよね。そこからあごや唇に力を入れないようにして開けたままキープします。手鏡で確認してください。舌先が下の前歯に軽く触れ，のどの奥が開かれ，口蓋垂（俗にいう「のど○んこ」）が奥に見えます。さらに上の前歯がちらっと見えていると最高です。これが理想的な「a」の口の形です。

「a」の状態から舌の位置だけを変えて「e」と発音してみましょう。ぽっかりと空いた口の形とあごの位置が変わらないように「aeaeae」と連続発音して練習しましょう。しゃべるときの「e」は，口を横に引くイメージですが，横に引くと口の中が狭くなり，平べったい声質になります。平べったい声質は溶け合いにくいんです。

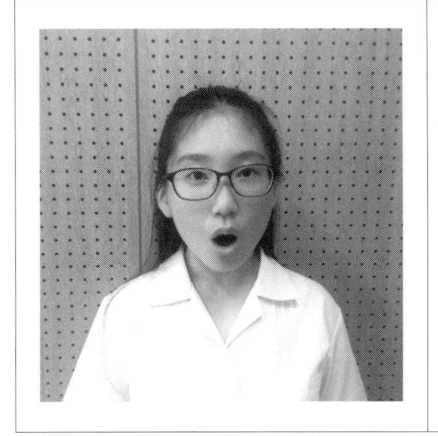

「e」の状態からゆっくり口先をすぼめて「o」に移行します。あくびをしながら口先をすぼめましょう。このとき，舌の根もとあたりが下方向に少し沈み，同時に口の中の上方奥が後方に引き上がっていますね。口の中の広さが狭くならないよう気を付けます。口の中の広さをキープするのもやはり溶け合いやすい声質を得るためです。

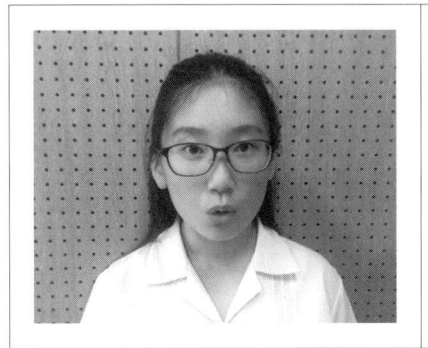

「o」の状態から口先をさらにすぼめましょう。ちくわをくわえて息を吸う感じです。次に息を吐いてみましょう。そのとき，口の中の広さや奥行きが狭くならないようにそっと声を出してみます。しゃべる「u」より深い丸みのある「u」になりますね。

※口横に指を当てて，横に引かないよう意識します。

「o」の状態から口を横に引かずに「i」と発音してみましょう。違和感がありますよね。舌とあごの位置が変化します。唇が少し突き出した状態です。「ハイチュウ」と言って「チュウ」のときの唇の形をキープしたまま「i」と発音してみましょう。やっぱり違和感がありますよね（笑）。横に引きたくなりますよね。我慢してください。

ふぅ〜わかってもらえましたか!?　５つの母音だけの解説なのに，それを文字で伝えるのは超大変です。これを五十音すべてなんてことは，脳みそがオーバーヒートしてしまいます（笑）。

　それにしても神秘的ですねぇ。そして，赤ちゃんのときに耳や目からの情報をキャッチして言葉を習得していることに感動を覚えます。今改めて人間の不思議さとすごさを感じています。

unchiku

8 のどと鼻腔の奥を開け！

「口を開く」「目を開く」「鼻を開く」「足を開く」ならよ～くわかります。もう一つ「胸を開く」ならまだわかります。しかし，「のどを開く」という表現自体がのみ込めませんよね。

「のどを開く」＝「のどの奥の空間を広くする」です。要するにあくびをしたときののどの状態です。「のどを開く」は，響きがあり，溶け合う歌声づくりに重要なキーワードです。ただし，開け過ぎはのど周りに力みが生じるので，あくびになる寸前くらいの開け方が目安です。

あくびをしたときにもう一つ注目すべきことがあります。「鼻腔」の奥の開き具合です。目で見ることができない部分なので，開き具合を感じることです。

あくびをするときの一連の動きをじっくり観察してみましょう。まず，口を開くと同時に息を吸い始めます。しばらくすると少しの間息が止まったような感覚になるときが訪れます。そして，そのあと気持ちよく「はぁ～」と息を吐いていきます。

この前半の息を吸い始めてから少しの間止まるまでの鼻腔の奥の動きを感じてみてください。どうです？　顔の内部の空間が広がり，奥行きが広がったように感じませんか？　西洋人は鼻が高く，顔のつくりが大きいです。ですから日本人の鼻腔より大きく，その分，声が響きやすいです。映画「テルマエ・ロマエ」（ヤマザキマリ原作）では日本人を「平たい顔族」と呼びますよね。この「平たい顔族」の言葉が私の心にヒットし続けています。

日本人は「平たい顔族」なので，顔の凹凸も少なく，奥行きも狭いです。ですから，しっかりとした歌声をつくるためには，あくびをして奥行きを広げることを意識的にしなくてはならないと常日頃思い，日々あくびを実践しています。

声音をつくる顔の表情！

思春期の中学生に「笑顔で歌って！」なんて言っても恥ずかしさが先行します。そこで引き下がるか，それともねばるか。こんなとき，ちょっと顔の筋肉についての**うんちく**をたれてみましょう。

顔の筋肉は，なんと30数種類で構成されています。これらの筋肉を駆使してテレビの向こうの俳優たちは感情を表現しているんです。アイドル歌手たちも歌っているときに詩の世界を表現しているんです。

その顔の表情筋の中でも次にあげる主要7表情筋を紹介します。

７つの表情筋

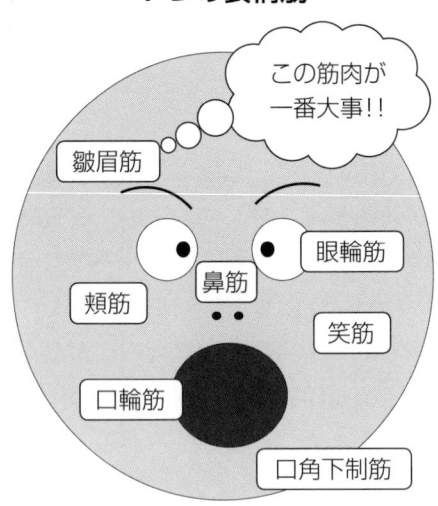

- □ 皺眉筋（しゅうびきん）
- □ 鼻筋（びきん）
- □ 眼輪筋（がんりんきん）
- □ 頬筋（きょうきん）
- □ 笑筋（しょうきん）
- □ 口輪筋（こうりんきん）
- □ 口角下制筋（こうかくかせいきん）

一つ一つの表情筋を簡単に解説します。

皺眉筋（しゅうびきん）
　一番大切な表情筋。眉毛の上，おでこの筋肉です。うれし顔，悲し顔，怒り顔，泣き顔，切な顔すべての感情に連結しています。

鼻筋（びきん）
　臭いものを嗅いだときの顔をしてみてください。鼻の上方，目の中央横にしわがよりますよね。それです。

眼輪筋（がんりんきん）
　読んで字のごとく目の周りにあります。指で押さえると頭蓋骨の目のくり抜きがよくわかるはずです。

頬筋（きょうきん）
　これも読んで字のごとく，ほほの筋肉です。頬骨あたりにあります。

笑筋（しょうきん）
　この字を見ただけで幸せ感があふれますね。口の横にある筋肉です。

口輪筋（こうりんきん）
　漢字ってなんてわかりやすいんでしょう。これって口の周りの筋肉しかないでしょ！！

口角下制筋（こうかくかせいきん）
　これはちょっと難しい。下唇の下方，あごに「うめぼし」をつくってみてください。できましたか？　うめぼしをつくる筋肉です。

この７つの表情筋を使うだけで，顔の表情と歌声はぐんと生き生きしてきます。

　７つの表情筋から生まれる表情を考えているうちに，パソコンの Word の【図形】を使って描けないかと思って作ってみたら，こんな表情筋３兄弟ができ上がりました。じっくり見ると，それぞれの表情から性格も想像できますよね。

ポジくん　　　　　　ネガくん　　　　　　アングリくん

　それでは，これらの表情筋をほぐしましょう。顔の筋肉に張りが生まれ，表情が変わります。美容にもお勧めで，年齢を感じさせない張りのあるお肌を手に入れることができますよ！！

【7つの表情筋マッサージ＆トレーニング】

指先マッサ

　7つの表情筋を両手10本の指先でマッサージします。ゆっくりていねいに行います。眼輪筋と口角下制筋以外はすべて指先を下から上に動かすようにしましょう。下から上に動かすのが美顔マッサージの基本だからです。

自主トレ

　7つの筋肉を手の補助なく，動かします。

にらめっこ

　ペアでにらめっこをします。相手を笑わすために顔中の筋肉を使っておもしろい顔をし合います。7つの表情筋を一つずつ動かしたり，複数組み合わせたりしてやってみましょう。

唇パッ

　合わせた上下の唇を離す瞬間に「パッ！」と音をたてます。

唇ブルブル

　息を吐きながら唇を震わせます。その際に同時に声を発してもいいです。

3 身体からのアプローチ

のどだけが仕事をしているのではない！

　合唱部が，日々のトレーニングで腹筋や背筋などの筋肉トレーニングやランニングをしていることをご存知ですか？　スポーツ部並みの筋力トレーニングをしているんです。そこで「どうして？」と思いますよね。

　声の源は声帯の振動ですが，歌っているときは，声帯だけが仕事をしているわけではありません。全身の筋肉が連動，連結して一生懸命仕事をしているんです。

　しかし，そう言ってもなかなかそこのところを理解してもらえません。たしかに，カラオケを歌うときに全身の筋肉の働きや連結なんて考えもしませんからね。テレビの歌番組を観ていても，そんなふうには見えませんからね。ですから，このことは生徒たちだけでなく，ほかの教科の先生たちにもなかなか理解してもらえません。

　でも，でも，ポップスの歌手たちも筋力トレーニングをしているんです。歌うことはスポーツなんです。歌手はアスリートなんです。

　歌っているときは，全身の筋肉が共同作業をしています。だから，まずはいろいろなストレッチにより全身の筋肉や筋を伸ばし，柔らかい体をつくります。

　ストレッチの基本は，反動をつけず，ゆっくりした呼吸をともなって行います。呼吸は3〜4秒で吸って，5〜6秒で吐くペースで行い，吐くときに筋肉や筋がじんわりと伸びるのを感じるように行います。まさにヨガです。

　では，全身ストレッチを紹介しましょう。

足の筋肉・筋伸ばし

　床に座って，ひざを伸ばした状態や開脚した状態，片ひざを折り曲げた状態でゆっくりストレッチを行います。

太ももの裏筋伸ばし

　太ももの裏筋を「ハムストリングス」と言います。これを伸ばします。足を肩幅以上に広げ，右手で右足首をタッチし，左手を頭上にまっすぐ上げて伸ばし，左手の指先を見ます。

座禅

　座禅を組み，背筋を伸ばし，手を前方に伸ばして前屈します。

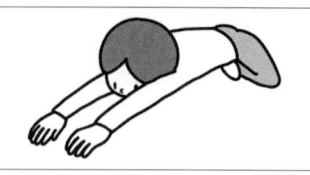

頭の上で合掌

　座禅，または立った状態で頭の上で手のひらを合わせて合掌し，背筋を伸ばします。

バランスとり

　立った状態で頭の上で手のひらを合わせて合掌します。指先は天井を突き刺すようにひじを曲げずにまっすぐ伸ばします。その状態のまま，片方の足の裏をもう片方のひざの横につけてバランスを保ちます。体幹が鍛えられます。

背中マッサージ

　背中の中で一番大きい筋肉である「僧帽筋（そうぼうきん）」をほぐします。ペアになって，立った状態で肩や背骨の周りを叩きます。次にうつ伏せに寝た状態で肩や背骨の周りを手のひらでゆっくり指圧します。

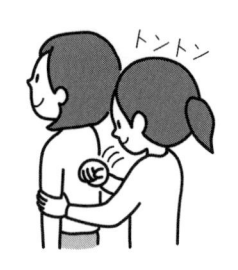

トントン

足の裏マッサージ

　ペアになって，一人がうつ伏せに寝た状態になり，もう一人が寝ている人の足の裏を踏み指圧します。

脳みそは筋肉ではないと思いますが，脳みそもほぐしてやりましょう。

グーパー

　パーの手を前に突き出し，グーの手は胸にあてます。それを交互に行って，テンポよくスピードアップしていきます。次にパーとグーを入れ替えてやります。

手信号

　両手（両腕）を「肩→前→肩→上→肩→横→肩→下」の順でリズムよく，テンポよく動かします。次に左右の動きを1拍ずつずらし，さらに2拍ずらして行います。

親指小指

　両手を前に出し，グーの状態から右手は親指を，左手は小指を出します。それを交互に出し入れします。

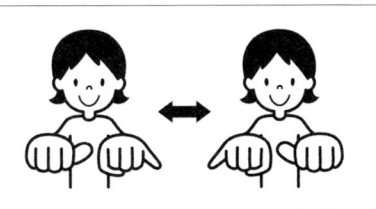

どうです？　全身がほぐれて体が軽くなったでしょ!!

　安定した声をつくるためには，全身の筋肉が共同作業しています。いい姿勢をキープするだけでもたくさんの筋肉が連動しています。これら筋肉の働きは，ほとんどがスポーツ選手と同じです。ですから，歌うためにはスポーツ選手と同じくらいの筋肉の強化が必要なんです。

　歌うための解剖学的な書物は昔からたくさん出版されていますが，近年，ますます研究が進んだ上に読みやすく工夫された新しい声楽教本が次々と出版されています。

　では，「腹筋」に注目してみましょう。

　「腹筋が割れている!!」などとよく言いますが，「腹筋」とは実は「腹直筋（ふくちょくきん）」「外腹斜筋（がいふくしゃきん）」「内腹斜筋（ないふくしゃきん）」「腹横筋（ふくおうきん）」の4つの筋肉の総称です。一番前面にあるのが「腹直筋」で，一番深い層にあるのが「腹横筋」です。目視できる筋肉は，一番表面に位置している「腹直筋」で，「腹筋が割れている!!」と言うのは「腹直筋」を見て言っているわけです。

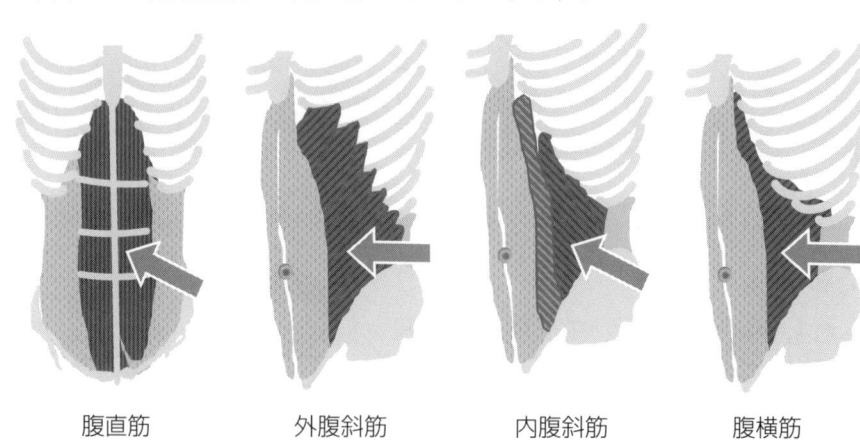

腹直筋　　　　　外腹斜筋　　　　　内腹斜筋　　　　　腹横筋

では，近年よく耳にする「インナーマッスル」とはどの筋肉か？　英語の「インナー (inner)」は「内部の」「奥の」という意味で，「マッスル (muscle)」は「筋肉」です。「インナーマッスル」という名前の筋肉があるわけではなく，表層ではない，骨格や内臓に近い深層にある筋肉の総称を「インナーマッスル」と呼んでいます。

　インナーマッスルは全身のバランスを整える筋肉群です。

　4つの「腹筋」の中では，一番深い層に位置し，腹巻のように内臓を囲んでいる「腹横筋」がインナーマッスルの一つです。

　インナーマッスルの鍛え方は，スポーツ選手が提唱しているものと同じやり方です。本校のコーラス部は，プロサッカー選手の長友佑都選手の体幹トレーニングを参考にやっています。

　4つの腹筋を鍛える呼吸を伴ったトレーニングを紹介します。

サイドブリッジ
「腹横筋」が鍛えられます！

　仰向けに寝てひざを曲げ，まずそのままの体勢で4拍間息を吸います。そのとき，お腹が膨らむように，また腰辺りが床に近づくように息を吸います。

　次に8拍間で歯と歯の間から「Su〜」という音を立てながら息を吐き，上半身を徐々に起こしていきます。吐く時間を8拍間→10拍間→12拍間と徐々に長くしていきます。

　「外腹斜筋」と「内腹斜筋」を鍛えるには，上半身を起こすときに斜めに起こしていきます。

　こんな筋肉に関する**うんちく**をたれると，歌うことに興味を示さなかったスポーツ男子の気持ちが少しずつ揺れ動くかもしれませんよ。

13 歌いながら歌う筋肉を鍛える！

　クラス合唱の日々の練習で，ここまでの練習メニューはできないと思いますが，時々練習の雰囲気を変える目的でやってみましょう。特に運動好きで体力に自信のある男子の挑戦意欲をかき立て，クラス全体の空気がいい方向に動くのでお勧めです。

かかとあげⅠ

　両足をそろえて，手をわき腹に置いて背筋を伸ばして立ちます。言葉は「マリア」で，音型は「ドレミレド」で歌い，「リ」のところでかかとをすっと浮かせ，「ア」でもとの状態に戻ります。

かかとあげⅡ

　かかとあげⅠと同じフォームで行います。言葉は「リリリリラララララリ」で，音型は「ドレミファソファミレド」で歌い，「ラ」のところでかかとを浮かせ，「リ」でもとの状態に戻ります。

ふりおろし

　足を左右少しずらして立ちます。言葉は「マリア」で，音型は「ドレミレド」で歌い，「マ」で両手をまっすぐ上にあげ，「リ」でその手を一気に振り下ろすと同時にひざを曲げ，「ア」で最初の「マ」の状態に戻ります。

行進

　言葉は「マリア」で，音型は「ドレミレド」（マーリーア）で歌い，ももをしっかり上げて，手をしっかり振りながら行進しているようにその場で足踏みをしながら歌います。

体操選手

　言葉は「リリリリラララララリ」で，音型は「ドレミファソファミレド」（リリリリ　リ　ラ　ラ　ラ　ラ　ラリ）で歌い，「リ」でひじをまっすぐ横に伸ばして，「ラ」でひざを曲げて，手を振り下ろして体の前でクロスさせながら，頭の上まで上げると同時にひざを戻してもとの状態に戻ります。

手パッチン

　言葉は「リリリリラララララリ」で，音型は「ドレミファソファミレド」（リリリリ　リ　ラ　ラ　ラ　ラ　ラリ）で歌い，ややゆっくりのテンポで行います。もも上げをしながら頭の上で手を叩きます。手の動きは，ひじをまっすぐにして真横に伸ばした状態から頭の上へと行き来します。

キック

　言葉は「Zu」で，音型は「ドレドー」（ZuZuZu）で歌い，仰向けに寝て頭を浮かせ，足を左右交互に曲げ伸ばししながら行います。手先で曲げた足のひざをタッチします。伸ばしている足は指先までまっすぐに伸ばします。

 4 滑舌からのアプローチ

　早口言葉の定番を紹介します。リズム感とテンポ感，躍動感を大切にして
チャレンジしてみましょう。噛み噛みで笑いが起きてもよしです！

「あいうえお」の定番

> あいうえお　いうえおあ　うえおあい　えおあいう　おあいうえ

※同じように……
か行，さ行，た行，な行，は行，ま行，や行，ら行，わ行
が行，ざ行，だ行，ば行，びゃ行，じゃ行，しゃ行，ぱ行，ぴゃ行
鼻濁音のが行

「あかさたな」の定番

> あめんぼ　赤いな　あいうえお
> かき（柿）の木　栗の木　かきくけこ
> ささげに巣をかけ　さしすせそ
> たちましょラッパで　たちつてと
> なめくじ　のろのろ　なにぬねの
> はとぽっぽ　ほろほろ　はひふへほ
> まいまいねじまき　まみむめも
> やき（焼き）栗　ゆで栗　やゐゆゑよ
> らいちょう（雷鳥）はさむかろ　らりるれろ
> わいわい　わっしょい　わゐうゑを
>
> 北原白秋「五十音」より著者抜粋，表記修正

「早口言葉」の基本　レベル1

<ruby>赤<rt>あか</rt></ruby><ruby>巻<rt>まき</rt></ruby><ruby>紙<rt>がみ</rt></ruby>　<ruby>青<rt>あお</rt></ruby><ruby>巻<rt>まき</rt></ruby><ruby>紙<rt>がみ</rt></ruby>　<ruby>黄<rt>き</rt></ruby><ruby>巻<rt>まき</rt></ruby><ruby>紙<rt>がみ</rt></ruby>　<ruby>茶<rt>ちゃ</rt></ruby><ruby>巻<rt>まき</rt></ruby><ruby>紙<rt>がみ</rt></ruby>

<ruby>赤<rt>あか</rt></ruby><ruby>除<rt>じょ</rt></ruby><ruby>雪<rt>せつ</rt></ruby><ruby>車<rt>しゃ</rt></ruby>　<ruby>黄<rt>き</rt></ruby><ruby>除<rt>じょ</rt></ruby><ruby>雪<rt>せつ</rt></ruby><ruby>車<rt>しゃ</rt></ruby>　<ruby>茶<rt>ちゃ</rt></ruby><ruby>除<rt>じょ</rt></ruby><ruby>雪<rt>せつ</rt></ruby><ruby>車<rt>しゃ</rt></ruby>

赤パジャマ　青パジャマ　黄パジャマ　茶パジャマ

きつつき　つつく木　木は元気

「早口言葉」　レベル2

坊主が　屏風に　上手に　坊主の　絵を描いた
屏風に　坊主が　坊主の絵を　上手に　描いた
上手に　坊主の絵を　屏風に　坊主が　描いた
坊主の絵を　坊主が　上手に　屏風に　描いた

「早口言葉」　一気にレベル5

次の文を噛まずに何秒で言えますか？

　「かえるぴょこぴょこ三ぴょこぴょこ，合わせてぴょこぴょこ六ぴょ
こぴょこ」と書かれた赤パジャマ青パジャマ黄パジャマ茶パジャマを持
っている東京特許許可局局長の客は，よく柿食う客で生麦生米生卵も好
きだが，<ruby>諸<rt></rt></ruby><ruby>首<rt></rt></ruby><ruby>相<rt>しょう</rt></ruby><ruby>詐<rt>そ</rt></ruby><ruby>称<rt>しょうしょう</rt></ruby><ruby>訴<rt>そ</rt></ruby>訟勝訴記念に地図帳で<ruby>済<rt>ちぇ</rt></ruby><ruby>州<rt>じゅ</rt></ruby><ruby>島<rt>とう</rt></ruby>を探しながら，404
泊405日かけて新春シャンソンショーを見に行く予定だった。

しかし，疑似（ぎじ）自殺をもくろむガス撒（ま）くバス待つ僕が，バスガス爆発で吹っ飛んで，裏庭には二羽，庭には二羽鶏を飼っている坊主が丈夫な屏風に上手に丈夫な坊主の絵を描くと，高くくった鷹狩（たか）ったカッター買った肩硬かった方が，高かった肩叩き機買った。

しかし，釘が気になるので引き抜こうとしたら「この釘引き抜きにくい」と言い，高かった肩叩き機を「すももも桃も桃のうち」というメーカーの超高速増殖（ぞうしょく）少食長足緑色草食恐竜型の車種３種類と交換したところ，その車で有料道路走行中，変な人が現れ，御者座（ぎょしゃざ）を見ながらすぐそこの竹垣に竹立てかけて，向こうの竹垣にも竹立てかけた。

すると，またさらに変な人が現れ，
「この竹垣になぜ竹立てかけた？」
「竹立てかけたさに竹立てかけた」
「じゃあ，あの女の縫（ぬ）う布の名は何？」
「あの布は名のない布なの」
「ところで，どこに行くの？　中枢抽出手術技術（ちゅうすうちゅうしゅつ）の輸出入中でしょ？」
「２ミリのミニ耳見に行くの」
「それならお綾や，母親にお謝りなさい」
という会話がなされた。……お・わ・り。

岡本丈典氏 HP より
http://www.joten.info/hayakuti.html
（一部著者修正）

何秒でしたか？

滑舌トレ&脳トレ

　シンガーソングライターの嘉門達夫さんの「学問」という曲の歌詞にある「○○の五段活用」を応用した滑舌練習です。脳みそも結構使います。そして，オリジナルのものがたくさん作れます。クラスの空気が重たいときにこれをやるとムードがガラッと変わりますよ。超お勧めです!!

「いちご」の五段活用……
　　あちご，いちご，うちご，えちご，おちご

「画用紙」の五段活用……
　　がようし，ぎようし，ぐようし，げようし，ごようし

「タクシー」の五段活用……
　　タクシー，チクシー，ツクシー，テクシー，トクシー

「きゅうり」の五段活動……
　　きゃうり，きぃうり，きゅうり，きぇうり，きょうり

「パソコン」の五段活用……
　　パソコン，ピソコン，プソコン，ペソコン，ポソコン

「おむらさとし」の二重五段活用……
　　あむらさとし，いむらしとし，うむらすとし，えむらせとし，
　　おむらそとし

---

5 感覚からのアプローチ

15 ドとミとソの世界

「ドレミの歌」の歌詞とメロディは，永久不滅で，万民が口ずさめるフレーズです。「ドレミファソラシド」の順序は，楽譜が読めない人，音楽に苦手意識のある人でもみんながすらすら言えます。

その「ド」と「ミ」と「ソ」の音の関係は，万民の気持ちを安心，安定させるすごい世界があるんです。

これを紐解くために，ちょっとだけ音楽の専門的な世界に入っていただきましょう。

☆音のまめ知識　その１

〜音は物の振動で生まれる〜

　音は，物の振動で生じます。１秒間に振動する回数（振動数）を Hz（ヘルツ）で表し，その振動数で音の高さが決まります。地球上の音の高さの基準は，１秒間に440回の振動（440Hz）で発せられる音としています。日本での時報の音がその高さです。時報の最初の３回の予報音「ピッ・ピッ・ピッ」が基準音の440Hz の高さで，そのあとの正時を知らせる音「ピー」が倍の振動の880Hz（１オクターブ高い音）です。これは世界の基準です。

　楽譜で示すと……

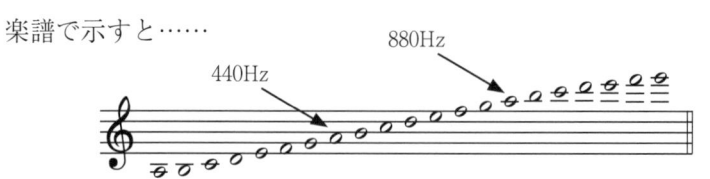

安定を生み出す「ド」と「ソ」の音の重なり

　「ド」と「ソ」の音の幅の関係を音楽専門用語で「完全五度」と言います。この二つの音を同時に奏でた音は，「完全」の言葉が示すようにゆるぎなく安定した音感を生みます。万民が聴いていて心が安定する堂々とした音関係なのです。

日常よく耳にする「ソ」と「ミ」の組み合わせ

「ソ・ミ」で始まる老若男女が知る曲，それはあのドイツの童謡の名曲「かっこう」です。「かっこう，かっこう，しずかに〜」と日本でも日本語の歌詞が付けられて愛唱されている歌ですね。この音の組み合わせも「ド・ソ」のような安定感があり，加えてどことなく安心感を与えます。

ですから，「ド・ソ」の堂々と安定した音関係と「ソ・ミ」の安定感や安心感を与える音関係によって生み出される「ド・ミ・ソ」が同時に鳴った世界は，世界平和を象徴する音の響きだと私は思います。

☆音のまめ知識　その4

〜半分の階段…この存在がすごい!!〜

家の階段に半分の幅の段があったら不快ですよね。でも音階に半分の階段があることで音楽の世界を幅広くしています。

「低いド」と「高いド」の関係を1オクターブと言います。「低いド」と1オクターブ上の「高いド」までを12に均等割したそれぞれの音関係を「半音」と言います。そして「半音」と「半音」を足したものを「全音」と言います。

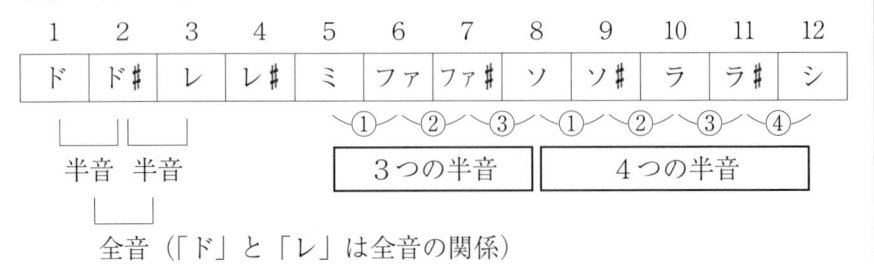

なぜこの半音の存在がすごいのか。

前述の安心感を与える「ソ・ミ」の間には**3つの半音**が存在します。では，日常よく耳にする「シーソーシーソーシーソーシーソー……」はどうでしょう？　そう，これは救急車のサイレンの音です。「シ・ソ」の間には**4つの半音**が確認できますね。半音が一つ増えるだけで，人々

は少しの不安や注意心というものが生まれると思います。

　実は，玄関のインターホンの音も**4つの半音**の音幅です。「誰かな？」と一瞬警戒する気持ちが生まれるためかなと思います。横断歩道の「渡っていいですよ！」の音や市役所や駅の出入り口で鳴っている「ピ〜ン，ポ〜ン」とゆっくり定期的に流れている音もそうです。目の不自由な方に段差やその他の物があることを知らせると同時に注意心をもたせる役割があるのかもしれません。

　半音一つの違いで，人に与える精神的なものが違うんです。だから半音の存在はすごいんです!!

　それでは，3人1組で「ド・ミ・ソ」のハーモニーをつくってみましょう。まずはジャンケンポンで受けもつ音を決めます。決まったらピアノやキーボードで音を示しながら「ド」→「ミ」→「ソ」の順に「アー」と発声して声を重ねていきましょう。

　初めは音程に自信がなく，不安な気持ちになると思うので，複数の組で一緒にやるなどして，耳が慣れてきたら徐々に3人1組にしていきましょう。耳が慣れてきたら，「ド」→「ソ」→「ミ」の順番で重ねていきます。このとき，「ミ」の音に不安や難しさ，抵抗を感じると思います。「ミ」の人が安心できるためには「ド・ソ」の「**完全五度**」をしっかり安定させることです。

　一日1分でも2分でも，受けもつ音を順繰り替えながら取り組むだけで音への感覚が目覚めてきますよ。

　「ド・ミ・ソ」のハモりはすべてのハーモニーの基本ですし，何よりも世界平和を象徴する響きですから!!

16 協和音と不協和音！

「協和音」，「不協和音」は文字のごとく，心地いい音か，心地よくない音かです。私は車が大好きなので，各種メーカーのカタログをよくながめています。クラクションは，通常二つの音が鳴ります。たとえば……

高さ	振動数（高→低）	音楽的な振動数との近似値音	半音の数
①「高め」	700Hz と 580Hz	ファ と レ	3
②「低め」	480Hz と 400Hz	ラ♯ と ラ	1
③「もっと低め」	390Hz と 320Hz	ソ と ミ	3

※すべての車種のクラクションがこれらの振動数であるということではありません。

「うんちく15」の「☆音のまめ知識 その4」に照らし合わせると①と③は，3つの半音での構成です。危険を知らせるクラクションのはずなのに，なぜでしょう？ これは，二つの音「ソとミ」の単純な組み合わせではなく，実際に鳴る音の振動数（Hz）が，音楽的な音の振動数とは微妙に異なることに注目します。音楽的な振動数とは，「☆音のまめ知識 その1」と「2」で説明した音のことです。全世界共通の振動数の音です。

音	ピタゴラスの数比による音楽的な振動数	①「高め」のクラクションの振動数	差
ファ	698.4Hz	700.0Hz	＋1.6
レ	587.4Hz	580.0Hz	－7.4

ピタゴラスの数比による音楽的な「ソとミ」ならば，二つの音が同時に鳴ると，「協和」します。しかし，クラクションで採用されている二つの音は，

音楽的な振動数よりそれぞれ振動数に差があります。このことによって，二つの音が同時に鳴ったとき，音が衝突し合い，音にうねりが生じて，結果「不協和」を生み出しているのです。その音を聞いた瞬間，私たちの耳は違和感を感じ，何か心地よくないものを感じるのでしょう。

　①「高め」の二つの音は，音楽的な振動数との差異に加えて，その振動数が，人の日常会話の声よりも高く，それを聞いた瞬間に緊張感を生む高さです。人の悲鳴を聞いたときと同じ感覚です。ドキッとする高さです。

　②「低め」の二つの音関係は半音の数が一つであり，これはかなり緊張感を生みます。「不協和音」そのものです。鳴った瞬間，顔がゆがみます。さらに長く聞かされると不快になり，イライラし「もうやめてー!!!」と耳をふさぐでしょう。

　では，③「もっと低め」の半音数3をどうとらえましょうか。通常，低い声や音は，人の心を高揚させにくいものです。そして，二つの音がともに音楽的な振動数よりもマイナスの値になっていることに注目してみましょう。

音	ピタゴラスの数比による音楽的な振動数	③「もっと低め」のクラクションの振動数	差
ソ	392.0Hz	390.0Hz	− 2
ミ	329.6Hz	320.0Hz	− 9.6

　合唱，オーケストラ，吹奏楽，独唱，独奏，どの演奏スタイルでも音程がやや高めの演奏は明るく聴こえ，逆に低めの演奏は暗く重く聴こえます。
　音楽的な振動数より低めになっているということは，このクラクションが鳴った瞬間，どことなく暗めに感じる効果をねらっているのかもしれません。そして，その音が低音ということで，心の高揚を抑えようとするねらいもあ

るかもしれません。

　そうです。この音を発する車は「霊柩車」です。「霊柩車」が出発する際に鳴らすあの「ファ〜〜〜ン」の音です。亡くなられた方を穏やかに見送る遺族の気持ちへの配慮からこの音になっているのかもしれませんね。

日常の音	音	振動数 （近似値）	半音の数
横断歩道の青信号	ミ・ド	1320Hz・1040Hz	3
救急車のサイレン	シ・ソ	980Hz・780Hz	4
車の高めのクラクション	ファ・レ	700Hz・580Hz	3
車の低めのクラクション	ラ♯・ラ	480Hz・400Hz	1
インターホン	ラ・ファ	440Hz・350Hz	4
名曲「かっこう」	ソ・ミ	392Hz・330Hz	3
霊柩車のクラクション	ソ・ミ	390Hz・320Hz	3

どうです？　音の世界に興味がわきませんか？

6 言葉からのアプローチ

unchiku 17 楽譜は読めなくてもいい！

　「僕は音楽が苦手なんで……」という人も音楽を聴いたり，カラオケで歌ったりしていますよね。音楽を聴きながら「あっ！　この曲好き！」「この人上手！」と思うし，カラオケで人が歌っているのを聴きながら「この人あまり上手じゃない」と口にこそ出しませんが心の中で思うことありますよね。そう思うのは，ちゃんと聴く耳があるということです。音楽を聴き分ける能力があるということです。

　ではなぜ「苦手」というのでしょうか。それは歌うことや楽器の演奏が苦手という技能的な苦手と，もう一つは楽譜が読めない，わからないという知識的な苦手が理由だと思います。

　楽譜が読めない，わからないという人は，現役の中学生にもいます。合唱の練習のときに楽譜を持って歌っている生徒たちをさりげなく見渡してみてください。その中に楽譜のページをめくらない生徒がいるはずです。そうです。その生徒は楽譜を見ないで，縦書きに書いてある詩を見ながら歌っているのです。

　そういう生徒の気持ちには，楽譜が読める音楽教員よりも楽譜が読めない担任の方がぐっと寄り添ってやることができるはずです。

　楽譜が読める音楽教員は，とかく音符や記号に目を奪われていることが多いです。逆に詩に目を向けている生徒の方が，言葉の世界に入り込んでいる場合があります。歌詞のない音楽では，メロディやハーモニー，リズムなどに惹きつけられますが，歌詞のある音楽では，やはり詩，言葉を抜きにして語ることはできません。

　楽譜は読めなくてもいいです。詩，言葉から感じるものを大切にしていきましょう。

unchiku 18　詩や言葉をイメージの世界へ！

　読書をしているとき，人々は文字で綴られていく世界を頭の中で映像化しながら読んでいます。物語の場合，登場人物の姿や周りの風景にとどまらず，場面によっては匂いや香りまでも想像しながら読み進めています。

　詩や言葉から描く世界は自由ですし，人それぞれです。そんな詩や言葉から感じるイメージを可視化することはとても音楽を深めていきます。

　詩や言葉から感じるイメージを写真や絵で表現させてみましょう。

---

①インターネットで詩の中のキーワードやイメージを表す言葉を検索します。

②いろいろ出てくる写真や絵の中から自分のイメージに近いものを絞ります。

③絞ったものをプリントアウトして，一枚の用紙に貼ります。

　インターネットだけでなく，図書室の本から探してもいいです。絵の得意な生徒には，絵を描かせてもいいでしょう。でき上がったシートは，教室に掲示します。「合唱の指導は無理！」という担任ならではの歌詞からのアプローチです。担任と生徒で歌詞を深く読み取っていく作業の中で，クラス全員の思いが一致していきます。

　写真は「ほらね、」（いとうけいし作詞／まつしたこう作曲）のイメージシートです。写真や絵の大きさや貼り方から，どの言葉により惹きつけられているのかがわかります。ある生徒は，自分の家の近くでイメージに合う風景を自分で撮影してきて貼り付けて作りました。

　この作業によって，歌詞への思いの深まりと同時に，曲への愛着も生まれてきます。

「ほらね、」のイメージシート

19 「雨」と「飴」，どこにアクセント？

　言語にはアクセントがあります。アクセントとは，言葉の強弱や高低のことです。アクセントには音の強弱による「強弱アクセント」と音の高低による「高低アクセント」があります。英語やドイツ語などの外国語の多くが「強弱アクセント」であるのに対して，日本語は「高低アクセント」です。ただし，海外にもリトアニア語のように「高低アクセント」の言語はあります。

　それでは「雨」と言ってください。「あめ」の「あ」と「め」のどっちが高くてどっちが低いですか？　次に「飴」を言いましょう。

　「雨」は「あ」が高く，「飴」は「め」が高いですね。図に示すとこうです。

　「あめをまっていた」という文で見てみましょう。これを漢字変換すると「雨を待っていた」，「雨を舞っていた」，「飴を待っていた」，「飴を舞っていた」の4通りが考えられます。それぞれにまったく意味が異なります。「まっていた」も高低アクセントの位置の違いで「待っていた」か「舞っていた」となるわけです。作曲家のみなさんは，日本語の意味が聴き手に伝わるように，言語のもつアクセントを大切にして音を付けておられるのです。

　さらに突っ込んでみましょう。名曲「ふるさと」（高野辰之作詞／岡野貞一作曲）の「うさぎ」＝「兎」にはどこにアクセントがあるでしょう？　前

述の理論からいうと，「う」が低くて「さ」で上がり，「ぎ」は「さ」と平行です。でも音程は「う」「さ」「ぎ」は同じ音で作曲されています。

　こういうときには，少しだけ「う」を強く歌うというか，「う」に重さを感じて歌うと日本語の語感が伝わる演奏になります。

【言葉の高低アクセント・エクササイズ】

　下記の単語は，それぞれどこを高く言いますか？　高く言う（　　）内のひらがなに○をつけましょう。

ご飯（ごはん）	5班（ごはん）	橋（はし）	端（はし）
箸（はし）	海（うみ）	膿み（うみ）	空（そら）
陸（りく）	神（かみ）	髪（かみ）	命（いのち）
大地（だいち）	犬（いぬ）	国語（こくご）	理科（りか）
寝る（ねる）	練る（ねる）	亀（かめ）	瓶（かめ）
宇宙（うちゅう）	夢中（むちゅう）	腕（うで）	筆（ふで）
足（あし）	葦（あし）	団子（だんご）	車（くるま）
虫（むし）	無視（むし）	去る（さる）	猿（さる）
医科（いか）	イカ（いか）	以下（いか）	顔（かお）
貼る（はる）	春（はる）	夏（なつ）	秋（あき）
冬（ふゆ）	県道（けんどう）	剣道（けんどう）	
窓（まど）	帰る（かえる）	変える（かえる）	蛙（かえる）

　歌を歌うときに言葉のアクセントを意識して歌うと，耳に心地よい自然な流れで歌えます。

次の文を声を出して読んでみましょう。

> 　私は中学校2年生です。私たちの学校では，来月，校内での合唱コンクールがあります。そこで各クラスが1曲ずつ発表します。私たちのクラスが歌う曲は「大切なもの」です。今，音楽の時間を中心に取り組んでいますが，最近，男子の気持ちが同じ方向に向いていないように感じます。そこで，「大切なもの」の詩についてのイメージづくりなどをすれば，男子たちの気持ちを女子たちと同じ方向に向けられないかな，と思ったので，思い切って担任の先生に相談をしました。すると，次の学活の時間にさせていただくことになりました。

　とかく女子たちが熱くなればなるほど，男子たちがそっぽを向くことがあります。そんなとき，男子の気持ちがわかってしまう男性教員は，女子についつい気をつかってしまいますよね。……と，女子の話ではなくて助詞。

　この文を声を出して読んだときに，少し弱めに，あるいは少し読む速さが緩む箇所が何か所かありませんでしたか？　普段，そのようなことは考えないでしゃべっているので，改めて問われると？？？かもしれません。

　ではもう一度，声を出して読んでみましょう。

　どうですか？

　少し弱めになる，少し読む速さが緩む箇所の共通点は，助詞です。

> 　私は中学校2年生です。私たちの学校では，来月，校内での合唱コンクールがあります。そこで各クラスが1曲ずつ発表します。私たちのクラスが歌う曲は「大切なもの」です。今，音楽の時間を中心に取り組んでいますが，最近，男子の気持ちが同じ方向に向いていないように感じます。そこで，「大切なもの」の詩についてのイメージづくり

などをすれば，男子たち<u>の</u>気持ち<u>を</u>女子たち<u>と</u>同じ方向<u>に</u>向けられないかな，と思った<u>ので</u>，思い切って担任<u>の</u>先生<u>に</u>相談<u>を</u>しました。すると，次<u>の</u>学活<u>の</u>時間<u>に</u>させていただくこと<u>に</u>なりました。

歌の歌詞にも助詞がたくさんあります。たとえば，「大切なもの」（山崎朋子作詞・作曲）では……

空<u>に</u>ひかる星<u>を</u>　君<u>と</u>かぞえた夜
あの日<u>も</u>　今日<u>の</u>ような風<u>が</u>吹いていた
あれ<u>から</u>　いくつ<u>もの</u>季節こえて　時<u>を</u>過ごし
それ<u>でも</u>　あの　想い<u>を</u>　ずっと忘れること<u>は</u>ない
大切なもの<u>に</u>　気づかないぼく<u>が</u>いた
今　胸<u>の</u>中<u>に</u>ある　あたたかい　この気持ち

では，次のフレーズをゆっくり，かつ大きく記した部分を極端に強くして読んでみましょう。

そら **に** ひかるほし **を** きみ **と** かぞえ **た** よる

どうですか？　幼稚園児のような口調になりませんでしたか。こんな気取った言葉を幼稚園児が言うことはあり得ませんが，助詞を含めた語尾を極端に強く言うことで，幼稚園児のような口調になりますよね。

実際，合唱部が参加する校外の合唱コンクールでも，発声やメロディの音を優先するがあまり助詞や語尾への注意がないがしろにされ，日本語の流れが損なわれている演奏がたくさんあります。

助詞を意識して歌うことで，日本語の自然な流れと歌詞の意味を損なわない演奏になります。助詞を意識することで，国語の勉強にもなりますね。

そしてなによりも，助詞に気をつかい，助詞を優しく丁寧に歌うことは，男子の女子への優しさにつながっていく……のかもしれません（笑）。

硬い「が」とやわらかい「が」！

　なんだか，だんだん日本語の難しさが感じられてきました。では次に「が行」についてみてみましょう。

　「がぎぐげご」には硬い「が行」とやわらかい「が行」があります。いわゆる「濁音のが」と「鼻濁音のが」です。昔のテレビやラジオのアナウンサーは，この発音がきれいだったように記憶しています。合唱をつくり上げる上ではやはり欠かすことのできない日本語の大切な要素になっています。

　クラス合唱では，ここまで深く追求する時間はないと思いますが，知らないよりは知っておいたほうがお得です。

○「濁音のが行」＝ 語頭にくる「が行」，数詞，外来語
　深く考えず素直に「がぎぐげご」を発音します。

　【例】学校（**が**っこう），楽譜（**が**くふ），月光（**げ**っこう），**げ**んこつ，
　　　　元気（**げ**んき），**ご**はん，**ガ**ッチャマン，銀行（**ぎ**んこう），
　　　　ぐっすり，**ぎ**りチョコ，十五（じゅう**ご**），タ**グ**，ター**ゲ**ット

○「鼻濁音のが行」＝ 語中や語尾にくる「が行」，助詞の「が」
　少し鼻にかけるように，きどった感じで「がぎぐげご」を発音します。

　【例】音楽（おん**が**く），国語（こく**ご**），数学（すう**が**く），
　　　　文具（ぶん**ぐ**），たま**ご**，め**が**ね，おに**ぎ**り，最後（さい**ご**），
　　　　も**ぐ**ら，ま**ぐ**ろ，不思議（ふし**ぎ**），まつ毛（まつ**げ**），おみや**げ**，
　　　　私**が**，僕ら**が**

22 閉じる「ん」と閉じない「ん」！

　私は，小学校低学年だったか中学年だった頃に，友だちに突然，「『学級文庫』って言って！」と言われ素直に言いました。すると「じゃあ次に唇を使わずに（唇を触れずに）言って！」と言われました。頑張って頑張って必死にやっているうちにお互いけらけら大笑いしたことを今でも思い出します。

　「ぶんこ」は唇を使わないと絶対に言えません。唇を使わないと「文庫」が「うんこ」になるんです。この話題で一週間くらい楽しみました。小学生は無邪気にはしゃげるからいいですよね。

がっきゅううんこ

　今思えば，唇を使わないと発音できない言葉があることを意識した最初かもしれません。

　普段何気なくしゃべっている日本語の「ん」には，これまた４種類の発音の仕方があります。「文庫（ぶんこ）」の「ん」はどう発音しているでしょうか。ゆっくり口の中を意識し観察しながら発音してみてください。

ぶ → ん → こ

　「ぶ」から「こ」へ移行する瞬間に舌の奥が口の中の奥上にひっつきますよね。もう一度スローモーションで発音してみましょう。

　それでは次に「感動（かんどう）」「頑張れ（がんばれ）」「文庫（ぶんこ）」「感謝（かんしゃ）」を順番にゆっくり発音してみましょう。そのときの唇と舌の動きを観察してみましょう。

かんどう, がんばれ, ぶんこ, かんしゃ

どうですか？　4つすべての違いをとらえることができましたか？

では，ここでまとめてみましょう。ローマ字表記することでそのルールが明確になります。

「n」の「ん」…〔d〕〔n〕〔r〕〔t〕の前にくる「ん」

唇は閉じず，舌先が上の歯につきます。

【例】：感動 (kandou)，みんな (minna)，権利 (kenri)，簡単 (kantan)

「m」の「ん」…〔b〕〔p〕〔m〕の前にくる「ん」

唇がくっつきます。

【例】：頑張れ (gambare)，乾杯 (kampai)，ほんま (homma)

「ng」の「ん」…〔k〕〔ng〕に連なる「ん」

ングと発音します。

【例】：文庫 (bunko)，トンカツ (tonkatsu)，考える (kangaeru)，
　　　　文学 (bungaku)

「無音」の「ん」

唇も舌もどこにもくっつきません。

【例】：感謝 (kansha)，関心 (kanshin)，南西 (nansei)

こんなことを，いつどこで誰に教わりましたか？　「君たちが話す『ん』には4種類の『ん』の発音があって，それぞれの発音の仕組みと仕方はこうです」なんて誰からも教わっていないのにできている。不思議ですよね。

　この「ん」もまた，合唱をつくり上げる上では欠かすことのできない言葉の大切な要素になっています。

　これもクラス合唱では，ここまで深く追求する時間はないと思いますが，知らないよりは知っておいたほうがお得です。

「ん」〜，深い

7 楽譜からのアプローチ

　突然ですが，プラモデルを作ったことはありますか？　車，飛行機，戦艦，お城……私は，小学生の頃に車のプラモデルにはまり，たくさん作りました。そこで培ったのは，イメージ力だったと自負しています。

　作り方の説明書は図をともなった説明になっていますが，完成した車体の形や色などのイメージを自分の中にもちながら作っていたと思います。この平面に描かれたものを立体的にイメージする経験の積み重ねが，今，役に立っていると思っています。

　楽譜は，作曲者による設計図です。拍子（4分の4拍子など），テンポ（Moderato など），調（長調か短調か，ハ長調かト長調かなど），強弱，楽器の編成……などなど，楽譜の中には作曲者のイメージしたものが描かれています。まさに曲の設計図です。ただ，そこに書かれている記号などは，作曲者の思いやイメージの最極少にしぼられたメッセージです。ですから，演奏者のさらなる設計図からのイメージのふくらみが期待されています。

　楽譜は平面ですが，演奏される音は立体的です。奥行きがあります。平面から立体をイメージする力が，楽譜を読むことにつながっているのかなと思います。

　余談ですが，私は，結婚して新築を考えたときに，ある建築会社の設計モデル図集をもとに自分で部屋の間取りを考え，その設計図集をまねて設計図を書きました。もちろん耐震性などの建築基準は無視してのことです。そしてさらに，子どもをもつようになってから，家の庭に木製のベンチや子ども用のブランコを自作しました。すべて頭の中で設計図を描き，ホームセンターへ行って材料を購入して作りました。

　分野を問わず，創作する者にはイメージする力が必要だと感じています。

楽譜になんで？と問いかけ！

　楽譜に書かれている音符のリズムや音の高さはわからなくても，まずは楽譜を眺めてみましょう。楽譜には，作曲者からのメッセージが書かれています。もちろん，作詞者からの言葉によるメッセージはダイレクトに伝わるはずです。

　その楽譜に「なんで？」と問いかけてみましょう。たとえば……

　なんでこの曲名？

　なんでこの曲名はあえてひらがな？

　なんでこの拍子？

　なんでこのテンポ（速度）？

　なんでここで拍子が変わる？

　なんでここでテンポが変わる？

　なんでここでリタルダンド？

　なんでここでアッチェレランド？

　なんでこの強弱？

　なんでここにクレシェンド？

　なんでここにデクレシェンド？

　なんでこの言葉（音）にアクセント？

　なんでこの言葉（音）にテヌート？

　なんでここにスラー？

　なんでここで（この音に）フェルマータ？

　なんで曲の最後の休符にフェルマータ？

　なんでこの言葉を繰り返す？

　なんでここから音が高く（低く）なる？

　なんでここからリズムが細かくなる？

　なんでハミング（Hum.）？

なんでここは歌詞がなく，Uh・Ah・Oh なの？
なんでメロディがソプラノではなく，アルト？
なんでここは全員で同じ音程（ユニゾン）を歌う？
なんで……？
なんで……？
なんで……？

このように「なんで？」は楽譜の中に満載です。こんな問いかけをしながら楽譜を眺めてみましょう。すると，何かに気付き始めます。たとえば……

Q．なんでこのテンポ（速度）？

楽譜には，下記のような表記があります。これは，その曲を演奏するときの速さの目安です。

$$\boxed{\text{♩}} = 60$$

これは□内の音符を1として，1分間に□内の音符を打つ速さを示しています。要するに，□＝60は，1分間に60回打つ速さで，時計の秒針の速さです。

この基準になる音符（□の部分）が変わると次のようになります。

$$♪ = 60 \qquad ♩. = 60 \qquad ♩ = 60$$

などなど……

そこで，ふと思いました。「1分間に〇〇回」とは，人の心拍数の数え方ですよね。とすると，曲のテンポ設定は，人の心拍数と関わりがあるのでは……？

人の心拍数は，気持ちの状態によって変わります。不安になったり，高ぶってきたりすると心拍数は高くなります。個人差はありますが，安心してゆったりした気持ちで生活しているときの心拍数を計ってみてください。1分間にどれくらいでしたか？　一般的に人の安静時の心拍数は，だいたい1分間に60〜70回くらいです。

　そんな視点で合唱曲を調べると，1拍＝60〜70くらいの曲がかなりの割合を占めています。それらの曲の詩のほとんどが，人の心を和らげたり，穏やかにしたりする内容です。

　ですから，曲の始めに　　＝72と書かれている曲は，落ち着きのある穏やかな気持ちの状態を表現している曲と解釈します。一方，　　＝142と書かれた曲は，かなり心拍数の上がった状態と解釈します。この場合，緊迫した状態や状況，高ぶった気持ちを表現している曲であったり，かなり強い訴えがあったりする曲であると解釈します。

　つまり，テンポ設定から場面の状況や心情，感情の状態をイメージできます。そして，テンポ設定と詩の内容とをリンクさせて，より説得力のある曲づくりへとつなげていきます。

Q．なんでこの強弱？

　多くの曲でよく使われる強弱記号は，次のものです。

弱音 ◀ーーーーーーーーーーーーーーーーーーー▶ 強音

ピアニッシモ pp	ピアノ p	メッゾピアノ mp	メッゾフォルテ mf	フォルテ f	フォルティッシモ ff
すごく弱く	弱く	やや弱く	やや強く	強く	すごく強く

よほどこだわりがある場合に次のものも稀にあります。

ppp	ピアニッシシモ	ものすごく弱く（小さく）
fff	フォルティッシシモ	ものすごく強く（大きく）

ロシアの作曲家チャイコフスキーの交響曲第6番ロ短調作品74「悲愴」には，「*pppppp*」というどえらい表記があります。見た瞬間，目を疑います。これはいったいどう読むのでしょう？　いやいや，そこへの注目ではなく，演奏について注目しましょう。これは，おそらく「限りなく弱く（小さく）演奏してほしい」というチャイコフスキーさんのメッセージでしょうね。

そして大事なのは，書かれているからそのように演奏するのではなく，「なんでこの強弱なのか？」を問いかけてみることです。歌詞の内容や言葉の意味，心情，情景などがその強弱とつながっているのが見えてくるはずです。

さらに深めてピアノ伴奏部分へのこんな問いかけもしてみましょう。

Q. ピアノ伴奏は，何を表現しているのか？

Q. ピアノ伴奏の前奏・間奏・後奏は，何を表現しているのか？

Q. 同じタイミングなのに，ピアノ伴奏と合唱に違う強弱が記されている。ピアノ伴奏と合唱との強弱の違いは何を表現しているのか？そしてそれは，どんな効果を生み出そうとしているのか？

オーストリアの作曲家シューベルトの作品に「魔王」という歌曲があります。この曲は，中学1年生の共通鑑賞教材として扱われている曲です。古くから教科書に掲載されている不動の名曲です。みなさんも学習した記憶がありませんか？　その曲は，ドイツの文学者ゲーテの詩に作曲されていますが，その詩の内容はこのようなものです。

> 　風が吹く夜。家に向かって馬を走らせる父。その父の腕には小さな子ども。しばらくすると，子どもが何か言い始める。そう，子どもには魔王の姿が見え，魔王の声が聞こえていた。魔王は子どもに「一緒に遊ぼう。きれいな洋服も着せてあげるよ。さぁ，こっちにおいで…」とやさしく誘いかける。どんどん言葉巧みに近寄ってくる魔王。そのことを子どもは父に必死に訴えるが，父には魔王の姿は見えず，声も聞こえていない。怯える子どもに対し父は子どもをなだめるばかり。そしてついに魔王は本性を現し，家に着いたときには子どもの息は絶えていた。
>
> 参考文献：『中学生の音楽１』教育芸術社

　なんとも心拍数が上がるドラマチックな内容です。このドラマチックな内容を一人の歌い手と一人のピアニストによって表現します。歌い手は，「魔王」「子ども」「父」そして「語り手」を一人で歌い分けます。

　そしてピアニストは，「魔王」「子ども」「父」「語り手」の心情を巧みにバックアップするよう，リズムや強弱，音の高さなどを駆使して奏でられます。特に前奏では，急いで走っている馬のひづめの音や，風にざわめく周囲の木々の音などをリズムと音形によって見事に表現しています。

　これを再認識すると，ピアノ伴奏の見え方，視点，とらえが変わってくるはずです。シューベルト作曲の「魔王」を改めて聴いてみてください。そして何度も何度も繰り返し聴いてみてください。ピアノ部分に限らず，「なんで？」がいっぱい発見できると思います。

楽譜中には，♯・♭・♮の記号をよく見ます。まずはこれらの意味を確認しておきましょう。

記号	読み方	意味
♯	シャープ	その音を半音高く
♭	フラット	その音を半音低く
♮	ナチュラル	もとの高さに戻して

　これらの記号は，曲の途中で音符の横に付されることがしばしばですが，これらの記号のうち♯と♭が，曲の冒頭のト音記号やヘ音記号の横に付けられることに注目してみましょう。

　これらは，その曲の「調性」を表しています。「調性」とは人間でいうと「性格」です。明るさ，暗さ，軽さ，重さ，柔らかさ，硬さなどの音楽の雰囲気を不思議にも醸し出します。
　松下耕氏作曲の「今、ここに」を例に挙げます。「今、ここに」の女声四部合唱版の楽譜冒頭にはなんと♭が5つも並んでいます。

　その楽譜通りに歌うと，第4パートのアルトの最低音が「低いファ」の音になります。この音は，中学生の女の子にとってはとても低くて，かなり厳しい音です。そのようなことを考慮されてか，松下氏からは「半音上げて歌ってもいい」という指示が楽譜に記載されています。半音上げて歌うということは，全体が半音上がるので，ト音記号の横には♯が2つ付く表記に変わります。

　なんで♭5つが半音上がると♯2つの表記になるのかについての説明は，超専門的すぎるのでしません。

　そこで本校コーラス部で♭5つと♯2つで歌い比べてみました。すると生徒たちからは，「アルトにとっては半音高い方が歌いやすいけど，なんかしっくりこない」「半音上げた調だとやけに明るく感じる」「元の調の方が落ち着いた響きに聴こえる」という意見が出ました。

　私も生徒が感じたことと同じことを感じました。半音上げた♯2つで演奏したとき，華々しく聴こえ，ずっとハイテンションな感じに聴こえました。

言い過ぎではなく，落ち着かずうるさいと感じるほどでした。

　まさにその調性が醸し出す雰囲気というか性格というか，色合いのような
ものを目の当たりにしました。

　音楽之友社から出版されている門馬直美氏著の『新版 音楽の理論』では，
このように書かれています。

#・♭の数	調名	調色	曲例
♯2つ	ニ長調	高尚で華美，雄大で宗教的。特に歓喜に適する。活発なファンファーレにも用いられる。	ヘンデル「ハレルヤ・コーラス」・ベートーヴェン「田園ソナタ」
♭5つ	変ニ長調	魅惑的，深刻，荘重。長調の中で最も暗く痛々しい調の一つで病的なロマン性も出す。	ショパン「小犬のワルツ」・ドヴォルザーク「新世界より」交響曲第2楽章（ラルゴ）

　どうです。コーラス部の生徒たちと私が感じたことと合致しているところ
がありますよね。

　では，クラス合唱曲の大御所「大地讃頌」は何調で作曲されているのでし
ょうか？

♯・♭の数	調名	調色	曲例
♯5つ	ロ長調	積極的になると，大胆な誇りを表し，消極的になると清潔な純粋さを出す。精力的なこともある。	ベートーヴェン「ピアノ協奏曲・皇帝第2楽章」・ショパン「前奏曲第11番」

門馬直美著『新版 音楽の理論』（音楽之友社）より

どうです。「積極的になると，大胆な誇りを表す」まさに曲のクライマックスに向かっての音楽がこの色合いを出していますよね。最後の「ああ～～～～」は「大胆な誇り」です。

曲の冒頭に付される♯や♭の数によって，その曲の性格がある程度決定づけられます。逆にいうと，そのような性格を表したいから作曲家はその調性で作曲しているということかもしれません。

このような♯と♭が醸し出す音楽の色合いが感じられるようになると，音楽を演奏したり，鑑賞したりしたときの深みが増していきますよ。

超（調）～，深い

 # 並び方からのアプローチ

ステージでの並び方のパターン

　オーケストラを生で聴いたことがありますか？　オーケストラは十数種類ほどの楽器が一堂に演奏するスタイルです。そのステージ上での楽器ごとの並び（配置）はほぼ決まっています。

　一般的に多くあるパターンはこうです。

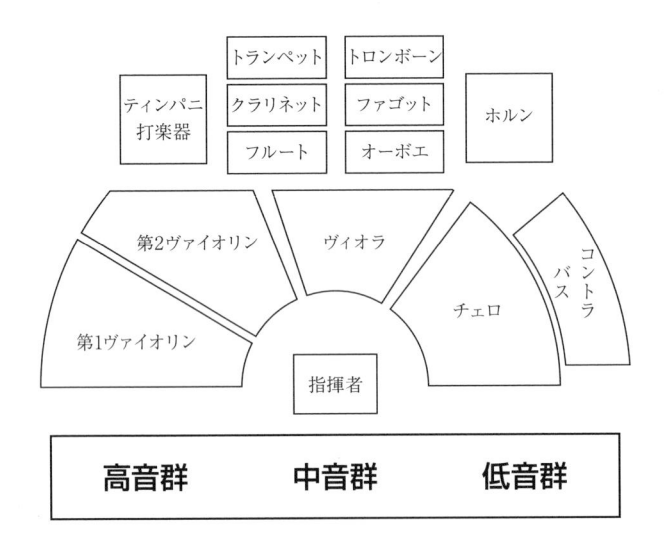

　オーケストラの並び方は，客席から見て，左側から高音群・中音群・低音群と並んでいます。この並び方に至るまでの試行錯誤と歴史はあるようですが，音の高さや音量，音質のバランスからこのように落ち着いたようです。もちろん演奏楽器や演奏人数などの編成の違いによって変わります。

　結局，オーケストラの並び方は，一番心地よく聴こえる並び方だということです。

合唱も，まずは一番心地よく聴こえる並び方を求めます。しかし，クラス合唱の場合は，演奏する側の生徒たちが納得して，安心して歌える並び方を選択するのがベストです。

　以下，混声四部合唱の場合を示しますが，クラス合唱で多い混声三部合唱の場合は，Aパターンのテノールとバスを一緒にした配置です。

ソプラノ＝S，アルト＝A，テノール＝T，バス＝B，指揮者＝指

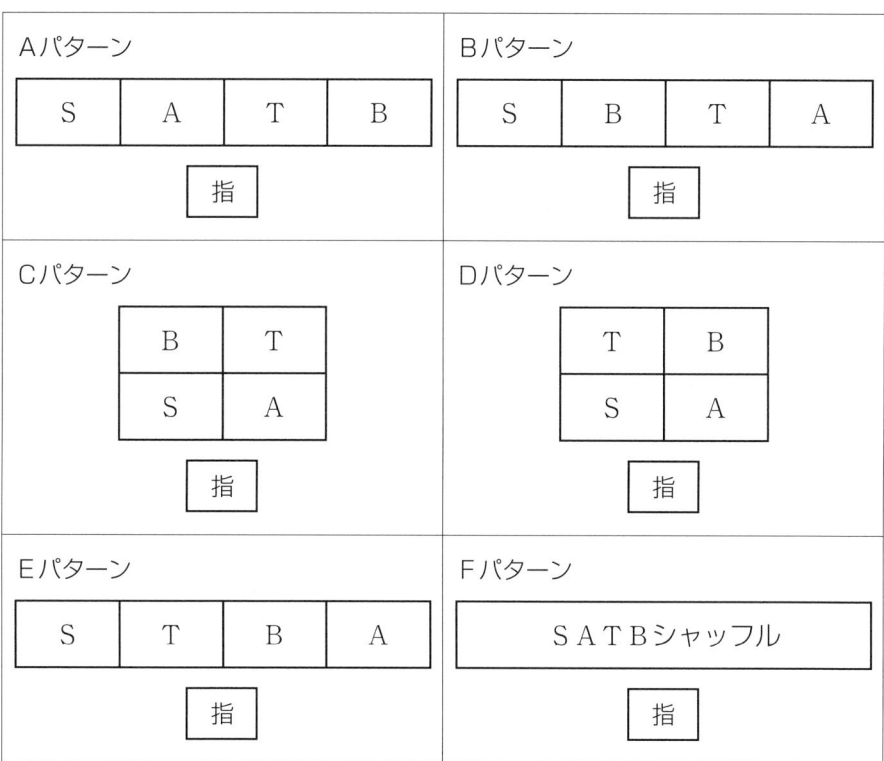

　それぞれの並び方パターンの特徴は「うんちく28」で述べます。その前に「うんちく27」を……。

27 各パートの味わい

　各パートの役割は，すばりハンバーガー，あるいはシュークリームと同じです。

　ハンバーガーは，真ん中にはさまれている具材が鶏肉の照り焼きなのか，フィッシュなのかで味わいが変わります。シュークリームも真ん中のクリームの味わいやそこにプラスされている具材で味わいが変わります。

　それと同じく，合唱で最も味わいを出すのは，アルトやテノールです。この２つのパートが受けもつ音は，「ド・ミ・ソ」の和音の場合，真ん中の「ミ」の音です。そして，それらの具材の形が崩れないよう土台として支えているのがバスパートの「ド」の音で，ハーモニーの土台です。

　では，ソプラノはというと，ショーウインドウの中で上から光を浴び，お客さんの目に一番にふれ，自らのおいしそうな姿をアピールするとともに，その下（中）にあるちょっとだけ見え隠れする具材にお客さんの心を引き寄せるのがソプラノです。

unchiku 28 並び方…パターンごとの特徴

うんちく26で示した並び方のパターンごとの特徴を見てみましょう。

Aパターン

オーケストラの並び方と一緒で，客席から見て，左側から高音群・中音群・低音群と並ぶ一般的な並び方です。多くの曲に対応できる並び方です。ハンバーガーのそれぞれの味わいが味わえる並び方です。それぞれのパートが少しずつずれて掛け合いで歌う曲では，その味わいが際立ちます。

B・Cパターン

ソプラノとバスを「外側の声部」で「外声部」，アルトとテノールを「内側の声部」で「内声部」と呼びます。「外声部」「内声部」を近くに配置することによって，外固め，内固めをします。ソプラノにとっては，ハーモニーの土台を受けもつバスの音が近くにいることで，より安心して安定して歌えます。アルトとテノールは，近い音域でのハーモニーを安定させることができます。

各パートが同じリズムでハモって歌う曲に適しています。

D・Eパターン

この配置で演奏することは，少ないです。ソプラノとテノール，あるいはアルトとバスが同じ動きをするよう意図的に曲構成が図られている場合には，このような配置をすることがあります。

Fパターン

この配置は，各パートの歌い手をシャッフルした配置です。究極の配置と言っていいです。オーケストラではありえない配置で，人の声だからこそできる配置です。各パートの音がブレンドされ，奥行きのある立体感をもって客席に伝わります。しかし，これはよほど一人一人が自信をもって歌えていないと崩壊します。

ポイント1　～人間関係～

　パート内での並び方は，基本的に生徒たちに任せましょう。なぜなら，そこには生徒間の人間関係が大きく左右するからです。人は，心許せる人の近くでは安心して声を発することができます。しかし，そうでない人の近くでは声が出せません。まずは，これを大前提にします。

ポイント2　～音響学的に～

　数学的には $1+1=2$ です。しかし，音響学には $1+1$ が3になったり，5になったりします。逆に $1+1=-1$ ということもあります。

　二人が同じ音程の音を「Ah〜」と歌います。そのとき，二人の音程と声質（音質），「Ah」の発音や明るさなどの要素がぴったり合ったときには，その声のボリュームや響きは $1+1=2$ ではなく，$1+1=3$ や5になることがあります。

　しっかり歌えて，声質などがよく似ている生徒を隣同士にすることで，そこがパートの強力な柱になります。その生徒たちをパートの中心的な位置に配置することで，パート内の他の生徒たちの安心と安定が図られます。

ポイント3　～自信のない生徒～

　音程に自信がない生徒や自分の声に自信がもてない生徒をどこに配置するか。それは，しっかり歌える生徒の近くに配置することです。けっしてパートの端っこにしてはいけません。ソプラノパートの端っこで，自分の右側には誰もいない配置では心細くて声が出せません。また，アルトパートとの境界線には，音程に自信のない生徒の配置は禁物です。

　ただし，人数によってはそのようなことが言えない場合もあります。

　では，ソプラノとアルトの配置を図で表してみましょう。

パート内の生徒を3段階に分けます。あまり細かく分けると収拾がつかなくなるのでざっくり3段階がベストです。

A＝音程に自信があり，しっかりしたボリュームで歌える生徒
B＝音程，ボリュームともに普通レベルの生徒
C＝音程に自信がなく，ボリュームが弱い生徒

女声だけで30人くらいいる合唱部ならこんな感じになります。▨が1＋1＝3のパート内の核になります。

A	B	C	B	B
B	C	A	A	B
A	B	B	C	A

ソプラノ

B	B	C	B	A
B	A	A	C	B
B	B	C	B	A

アルト

クラス合唱ではこんな感じになります。パート内の人数が少ないので，Cの生徒の配置に一苦労します。

A	C	B
B	A	A
B	C	B

ソプラノ

A	A	B
B	A	C
B	C	B

アルト

9 練習場所からのアプローチ

歌声は響くところで育つ！

日本とヨーロッパの違いを衣食住で比較してみましょう。

	日 本	ヨーロッパ
衣	・浴衣（和服）	・パジャマ（洋服）
食	・ごはん　・みそ汁	・パン　・スープ
住	・木材　・畳　・土　・紙	・木材　・石材　・ガラス

　お風呂で歌うとよく響くので気持ちよく歌えますよね。お風呂で歌ったことのない人は，さっそく今晩歌ってみましょう。

　よく響く場所で歌うことは，声の響きを育てます。

　合唱の発祥地であるヨーロッパと日本を比較したときに，たくさんの違いが挙げられます。その中で，合唱と直接結びついているのは，建物の床や壁の材質と天井の高さです。これらを比較してみるとこうです。

	日 本	ヨーロッパ
床の建材	畳	木または石
壁の材質	土	木または石
天井の高さ	低い	高い

　畳の部屋より木を用いたフローリングの部屋のほうが響きます。さらに大理石などで囲まれた空間は，とても心地よく響きます。洞窟の中で「わあっ〜〜〜」と声を発したことを想像してみてください。それに近い声の残響，余韻を感じるはずです。

　合唱は，このように声がよく響く環境で生まれ，育ち，発展してきました。ですから，よく響く場所で練習することが，自分たちの歌声を育てることにつながります。また，よく響く場所で歌うことは，のどへの負担が減り，長い時間の練習も可能になります。

unchiku 31　ア・カペラで！

　弦楽器，管楽器が奏でる音色は，それはそれは美しく魅力があります。しかし，人間の歌声には勝てません。人間の声が幾重にも重なったハーモニーは，何とも言えない奥深さと情緒さえも醸し出します。

　楽器の音色のないア・カペラの世界。「楽器がないと音程がずれてしまう！」などと恐れず，思い切ってア・カペラで歌ってみましょう。

　私は，合唱部を担当して数年，ピアノ伴奏付きの曲しかやっていませんでした。私自身が，ピアノの音がないと音程に不安があったからです。当時は，部員の中でピアニストを決めていたので，パート練習のとき以外は，ほとんどピアノ付きで合わせをしていました。

　そんな中，思い切って完全なア・カペラの曲を歌わせてみたところ，やはり音程が不安定で，声の調子の悪いときは，どんどん音程が下がっていき，頭をかかえていました。しかし，しばらく粘り強くその曲に取り組んでいると，音程が安定してきたのです。

　ではなぜか？　周囲の声をより聴くようになり，音程に対する意識が高まったと言えます。それは私自身もです。耳が育ち，音程感覚やハーモニー感覚が磨かれることは確かです。こうなってくると柔軟な感覚，感性，脳みそをもつ若い生徒たちは，どんどん歌えるようになっていきます。

　それ以後，ア・カペラの曲に取り組むことはもちろんですが，ピアノ伴奏のある曲の場合でも，必ずピアノなしでの合わせ練習に時間をかけるようになりました。ア・カペラでの練習は超お勧めです。

10 指揮者へのアプローチ

unchiku 32 誰よりもかっこよく！

　指揮者はスポーツの世界でいえば監督です。スポーツの監督は，自分の理想とするチームをつくり上げるために，選手たちそれぞれの課題やコンディションを考えながら日々の練習メニューを考え，個やチームが引き上がっていくよう練習においてアドバイスをし，試合当日は状況に応じてベンチから指示を出します。

　音楽の指揮者も一緒で，曲を自分の理想とする演奏につくり上げるために，練習においてアドバイスをし，本番には指揮台に立って指示を出します。

　ただ，違うことが一つだけあります。スポーツの監督は，選手の立つ土俵に一緒に立ってプレイすることはありません。しかし，音楽の指揮者は，演奏者と同じ土俵に上がり一緒にプレイします。そこで「阿吽の呼吸」をともにします。

　学級の指揮者にそこまでの「阿吽の呼吸」を求めると，食欲不振や不眠症を起こさせてしまいます。ですから，中学生の指揮者には「誰よりもかっこいい自分をつくる」ことを求めさせましょう。ここが重要ポイントです。なんてったって，ステージのど真ん中に立つわけですから。

★指揮者の見た目のかっこよさ基本10か条

① 見られている意識を常にもつ。スマートかつ堂々と振る舞う。

② 歩き方は胸から歩く。

③ 演奏前後の礼は丁寧に。浅すぎず深すぎず。

④ 指揮台に立ってそわそわしない。

⑤ 股を広げすぎない。

⑥ 指を広げすぎない。

⑦ 手首をくねくねさせない。

⑧ 頭を振ってテンポをとらない。

⑨ 膝を曲げてテンポをとらない。

⑩ 前後，左右に無意味に揺れない。

「指揮者の見た目のかっこよさ基本10か条」をマスターしたら，次に指揮のテクニックを加味した作法と演奏指示です。

★指揮者の作法と演奏指示20か条

① 礼が終わったら，一度演奏者全員を見渡す。

② 始まりの構えをきちっとする。

③ 始まりの振り方（テンポと強弱の指示）をはっきりする。

④ ２拍子，３拍子，４拍子……振り方の図形を明確にする。……「うんちく34」参照。

⑤ 前奏や間奏，後奏をピアニスト任せにせず，ピアニストの方を向いてきちんと振る。

⑥ テンポの変化指示をはっきりする。

⑦ 強弱の変化指示をする。

⑧ 左右（右手・左手）対称の図形で振らない。

⑨ 右手で拍子をとり，左手で表情（表現）を表す。

⑩ 心の中で一緒に歌いながら口を動かす。

⑪ 主旋律だけを口パクしない。

⑫ 時には次の歌詞を先取りして口形で指示する。

⑬ 演奏者と一緒にブレスをする。

⑭ 音符だけでなく，休符も意識して振る。

⑮ 長い音符のところもきちんと拍を振る。

⑯ 表現してほしい声音を顔の表情で伝える。

⑰ ピアノ付きの曲は，ピアノへの意識を強める。

⑱ 時には言葉やフレーズで振る。

⑲ ピアノの後奏があれば，合唱部分が終わっても最後まできちんと振る。

⑳ すぐに手を下ろさないで，響き（余韻）が完全になくなるまで止めておく。

いかがですか。指揮者って大変ですよね。これらすべてを習得できたらプロになれます。ですから，指揮者になった生徒には，「★指揮者の見た目のかっこよさ基本10か条」のすべてをマスターさせ，「★指揮者の作法と演奏指示20か条」の③④⑥を最低限意識させましょう。

音楽の世界は，いわゆる芸の世界です。弟子が師匠の振りを見て学ぶ世界です。そこで，指揮習得，上達の秘訣はずばりこの３つです。

★その１　人の振り見て，我が振り直せ！

> 芸や技の世界は「習うより盗め！」。弟子は，師匠の芸を見てまねて（盗んで），そして自分の形をつくり上げていく。まねることができるのも習得術の一つ。プロの指揮者の振りまねをしてみよう！

★その２　我が振り見て，我が振り直せ！

> 自分の姿を鏡で見ながら指揮の練習をする。自分の感覚と実際に見えるものに違いを感じるはず。

★その３　習うより慣れろ！

> 実際に歌い手とともに練習で何回も振り，自分で振り方を考えて，その中で少しずつ自分のスタイルを見つける。

34 振り方の図形！

　「うんちく32」の「★指揮者の作法と演奏指示20か条」の④に「2拍子，3拍子，4拍子……振り方の図形を明確にする」とありました。指揮は，空間に図形を描く作業です。オーケストラなどを指揮する指揮者の振りを見ると，何の決まりもないように見えると思います。しかし，そこにはきちんとした振り方の基本があります。それをベースにして振り方をかっこよくアレンジしているのです。

　2拍子，3拍子，4拍子，6拍子の振り方を図形で表してみましょう。

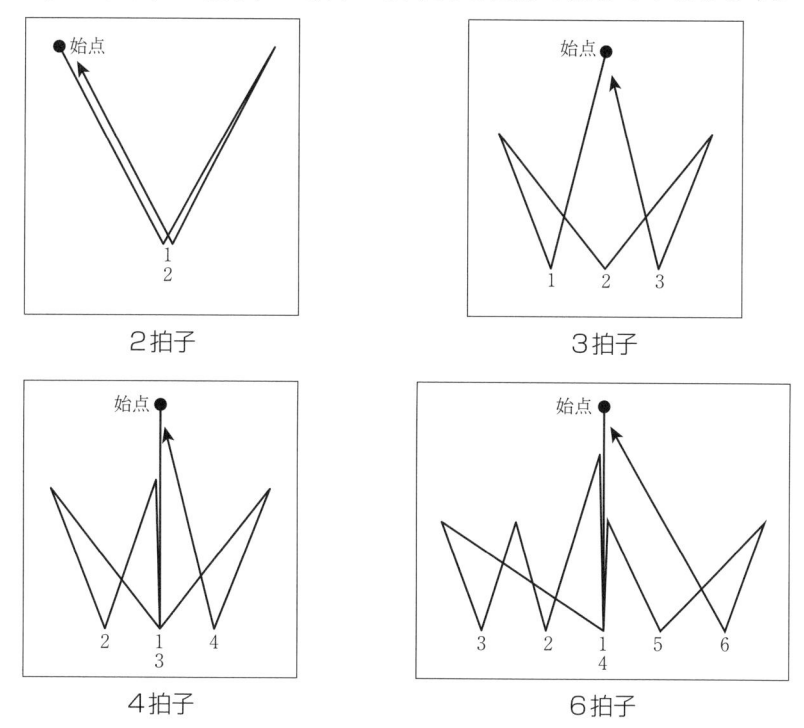

2拍子　　　　　　　　3拍子

4拍子　　　　　　　　6拍子

　では，これら直線的な図形をなめらかな曲線をともなって空間に描いてみましょう。

11 ピアノ伴奏者へのアプローチ

近年の合唱曲では，「混声合唱とピアノのための『○○○○』」のようにタイトルがつけられることが多くなりました。これは，作曲者が合唱とピアノを対等に扱っている証であり，合唱とピアノで一つの音楽を成立させていることへの意識の強まりだと思います。以前の合唱曲がそういう構成でなかったということではありません。以前の合唱曲の中にもピアノパートの奏でる音楽と声が奏でる音楽の融合で一つの作品を作り上げている曲はたくさんあります。

「伴奏」＝「ともに奏でる」です。マラソンや自転車のロードレースなどでは「伴走」と書き「ともに走る」です。どちらの音読みも「ばんそう」です。

しかし，その役割は確実に違います。マラソンや自転車のロードレースの「伴走者」は，選手に寄り添い，選手を誘導したり横から励ましやアドバイスを与えたりする役目です。それに対して，「ピアノ伴奏者」は，その他の演奏者と同等の役割をもつ演奏者なのです。ですから，私はどうしても「ピアノ伴奏」の「ばんそう」という言葉の響きに違和感を覚えるのです。

私は，そう思うようになってから「ピアノ伴奏者」ではなく，「ピアニスト」と呼ぶようにしました。

36 ピアニストへのリスペクト！

　合唱パートは，1パートを十数人で受けもち，その人数で一つの音（音程）を奏でます。ではピアニストはというと，一人で複数の音（音程）を奏でます。オーケストラの場合，ざっと10パートが同時に音を奏でます。その10パートをピアニストは10本の指で一人で奏でるわけですよね。これだけ考えても，ピアニストにはリスペクトです。

　さらに一人で奏でていることを思うと，その孤独さにリスペクトです。さらにさらに，練習も一人です。

　ですから，ピアニストの生徒にはしっかり声をかけてやってください。

　「すごいね」「頑張ってるね」「練習に時間を費やしてくれてありがとう」「君のピアノがなかったらこの曲は成立しないよ」……

　そして，ほかの生徒たちにもピアノパートの重要性とピアニストの孤独な努力について語ってやってください。

12 合唱は人づくり

合唱をしているとき，何を考えていますか？　何が聴こえていますか？

声の出し方　　立ち姿勢　　顔の表情

音程　　歌詞　　ハーモニー

強弱　　言葉の発音　　テンポ

歌詞から生まれるイメージ

言葉のイントネーション

リズム

ブレスのタイミング

他のパートとのからみとタイミング

ピアノの音とのからみとタイミング

　一瞬一瞬にこれだけのことを考え，自分が発した声や周囲の声，ピアノの音を耳でキャッチしながら，さらに先の展開も考えて歌っているのです。どれだけの集中力が求められる世界なのかを感じてもらえるでしょう。

　結論，すばり，合唱を真剣にすることによって集中力がアップします。

必ず生まれる心のぶつかり合い

クラスのみんなが完全に同じ方向を向かなければ完成しないのが合唱です。しかし，そううまくはいきません。自我が芽生え，価値観の相違を感じ始め，人生の中で一番手を焼くこの時期にあえて一つの方向に向かせる……。これは一つの型にはめる強制です。しかし，単なる強制ではありません。ここで必ず生まれる心のぶつかり合いに教育的価値があるのです。

　なんで歌わないといけないの？
　なんのために歌うの？
　なんのために一緒に歌うの？
　なんで昼休みにも練習するの？
　ちょっと隣の人と話しただけで，なんでそんなに注意されるの？
　女子の言い方うざい！
　なんでそんなに燃えているの？
　あいつの言う通りにはするもんか！！
　……

　心のぶつかり合いは，音楽や合唱，合唱コンクールに対する意欲や温度差を起因として，足並みにばらつきが生じ始め，リーダーとその他の生徒たちとのぶつかり合いやリーダー同士のぶつかり合いへと表面化していきます。

　しかしすべては，一人一人の自分自身の心とのぶつかり合いにつながります。大なり小なり誰もが自問自答するはずです。練習が進む中で，自問自答の繰り返しが起きるはず。それは，担任の心の中にも起きるはずです。そこにこそクラス対抗で担任を巻き込んで行う合唱コンクールの教育的価値があるのです。

13 おまけのうんちく

　楽譜に書かれている音楽記号は，演奏者にとっての演奏の手がかりで，作曲者からの極少ないメッセージです。

　さぁ，楽譜をじっくり眺めてみてください。改めて眺めるといろいろな記号が目に入ってきますよね。多くの記号の中で，ほとんどの曲に登場してくるにもかかわらず，多くの生徒たちが間違って覚えている記号があります。それは……

rit.

　「だんだん遅く」という意味の記号ですが，この読み方を正確に答えられる生徒が意外にも少ないのです。

　ところでみなさんはいかがですか？

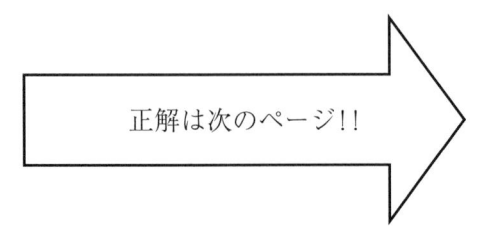

正解は次のページ!!

正解は,

リタルダンド

どうです, 正解でしたか？　音楽用語のほとんどがイタリア語です。これもイタリア語で, 略さずに書くとこうです。

ritardando

「リタルダン<u>ド</u>」ではなく「リタルダン<u>ト</u>」と間違えて覚えている生徒がとても多いです。「rit.」と省略形で表記されることが多いためか, 小学校のときにこれを「リット」と読んでいることが多いのです。

　私は, 楽譜上に表記される頻度ナンバー１ともいえ, おそらく古今の作曲家たちが程よく愛したであろうこの「rit.」の読み方にこだわりをもち, 音楽の定期テストに毎回出題してきました。

　教員生活今年で30年目。出題した学年全員が正解したのは, 驚くことに2016年の３年生が２学期に初達成した, ただ１回です。さらに驚いたのは, 全員が正解したこの学年が, 次の３学期のテストでは３人が間違えてしまったことです。

　小学生の頃に覚えたことは, 強烈に身にしみ込んでしまうということなのでしょうね。

　本書は, 小学校の先生にも読んでもらいたいです!!

3章

合唱コンクール
成功の ToDo リスト

１年間の学校行事の中で，合唱コンクールほど長い期間をかけて取り組む行事はありません。その長い時間にどれだけ教育的な価値のある場面をつくることができるか。音楽科教員と学級担任のコラボレーションの醍醐味を味わうときです。また，それは逆に生徒たちの心の動きや活動によって，教師が学ぶ時間でもあります。

1 合唱コンクールのねらい

まず，ねらいを押さえておきましょう。本校では次のように設定しています。

---

① 合唱活動を通して，創造的で美しい音楽表現を追求しようとする意欲と態度を育て，一人一人の音楽の諸能力を高める。(**音楽科**)

② お互いの演奏を聴くことにより，よりよい音楽表現の仕方や鑑賞のあり方を体得する。(**音楽科**)

③ 練習の過程を通して，自分たちで集団生活を向上させようとする意欲と態度を育てる。(**学級**)

④ コンクールまでのすべての過程を通して，全校生徒並びに教職員が連帯感を深め，より活性した学校生活を創出しようとする意欲と態度を育てる。(**学校**)

それぞれ硬い言葉で書いていますが，もっと噛み砕いてみます。

○音楽科としてねらうもの

合唱活動を通して，歌声を合わせることによって「歌うっていいなぁ」「歌うって気持ちいいなぁ」と心をわくわくさせ，「もっと上手になりたい」「もっとこんな曲を歌ってみたい」と生徒たちの音や音楽への興味や関心を引き出し，「もっと上手になるためにはどうしたらいいだろう」「もっとこんな表現をしてみよう」などと自らどんどん深い学びへと進むことをねらいとしています。

○学級としてねらうもの

学級集団と部活動集団を比較してみましょう。どちらの集団も所属人数は

35人と同じにします。では，まとめやすい，まとまりやすい集団はどっちですか？　そう，それは部活動集団ですね。なぜかというと，部活動集団は，同じ目的・目標意識をもった人の集まりだからです。一方，学級集団に所属する一人一人の興味・関心・意欲はバラバラです。

　そういう学級の一人一人を同じ方向に向け，集団としてまとめていくのが運動会であったり，球技大会であったり，この合唱コンクールであったりします。ズバリ学級集団の向上です。練習過程において，時には意見のぶつかり合いや練習態度のぶつかり合いがあります。「なんで男子はちゃんとやってくれないの」と女子たちが泣き出し，その泣く女子たちの姿におろおろする男子たちという場面もあるでしょう。いろいろなドラマを経て，生徒同士が認め合い励まし合い，そして協力し合って高まっていくことにより，一人一人の心が成長し，よりよい学級がつくられていくことがねらいです。

○学校としてねらうもの

　人は，安心・安全でない場では口を閉ざします。安心して声を発することはできません。他人の目を気にして，ビクビクして生活している場では，足音すら消して，自分の存在を消そうとします。

　ああ，なんて暗いマイナスな書き出しをしてしまったんでしょう。でも，そうして暮らしている人が，今この瞬間もこの世界にはたくさんいるだろうなぁ，とふと思ったからこう書き出してしまいました。

　話を戻します。他の人の目を気にせず声が発せられる集団には，安心・安全の雰囲気があるということです。歌声があふれる学校は，そこに所属する誰もが認め合う支持的風土があるということです。その風土を守り続けなければなりません。

　歌声が人々の心を開放し，さらに歌声を生んでいく。その相乗効果を生徒たちだけでなく，学校に所属する全員で生み出していくことをねらいとします。

2 全体のスケジュール

　一つの芸術作品を完成し披露するまでには，かなりの時間を要します。それが集団での作品となると，より綿密なスケジュール立てがなされていないと成功しません。ミュージカル，オペラ，歌舞伎などの音楽・文学・演劇・美術・舞踊の五つの芸術分野がすべて含まれる総合芸術では，その公演準備に何か月，何年もの時間をかけます。

　学校での合唱コンクールはそこまで大げさなものではないですが，本番に至るまでにやらなければならないことは盛りだくさんです。それらを順序立てて，見通しをもって取り組むことが成功へのカギです。

　そのスケジュールは，音楽科教員が計画してその都度提示しますが，学級担任もこの流れを知っていると，学級経営・生徒への支援のタイミングを図ることができます。

　授業時間数の都合で，演奏する曲は各クラス自由曲１曲のみの学校が多いと思います。本校では，合唱コンクールが学校行事の目玉でもあるので，各クラスが学年の課題曲とクラス選択の自由曲の２曲を演奏するやり方を守り続けています。また，９月と10月の２か月間は，教育学部生の教育実習期間なので，それと並行してのかなり長い期間での取り組みをしています。

　では，取り組みのスケジュールを見てみましょう。

□＝音楽科の出番

●＝学級担任の出番

▲＝生徒実行委員の出番（９月に各クラス２名（男女問わず）の実行委員を選出）

※本校では，11月上旬に島根県民会館大ホールにて開催します。

月	いつ		なにを
5月	中旬	5か月半前	□開催要項を企画会・職員会で提案 □3年生パート分け・リーダー決め □3年生課題曲「大地讃頌」パート練習スタート
6月	上旬	5か月前	□2年生パート分け・リーダー決め □2年生課題曲「心の中にきらめいて」パート練習スタート
	下旬	4か月半前	□1年生パート分け・リーダー決め □1年生課題曲「夢の世界を」パート練習スタート
7月	4か月前		□課題曲のパート練習及び合唱 ※夏休みまでには課題曲が一通り歌えるようになっている
8月	3か月前		□自由曲の候補曲の選定 □実施要項の作成
9月	2か月前		□実施要項を職員会で提案 □外部審査員への依頼・依頼状の発送・実行委員の選出 □実行委員会の立ち上げ・スケジュール説明 □自由曲の推薦曲の提示▲自由曲の選曲・決定 □▲自由曲パート練習スタート▲指揮者・ピアニストの決定（※場合によっては, 音楽科教員が介入） ●▲クラス紹介者の決定
10月	1か月前		□▲プログラム編成 □タイムテーブル作成 □会場舞台係と打ち合わせ □当日の教職員役割分担を職員会で提案

			□学年別リハーサル実施計画を職員会で提案
			□保護者・来賓への開催案内文書作成・発送
			□▲クラスでの朝・昼・放課後練習場所の割り振り
			●▲学活での練習（学級裁量で前日までに1時間）
			●▲歌詞についての吟味
			●学級通信にて様子を紹介
		10日前	□▲クラスへの練習用キーボード配布
			●▲キーボードの管理
			●▲当日のクラス紹介原稿の作成（クラス紹介者含む）
			□●▲クラスでの朝・昼・放課後練習スタート
			□▲アナウンス原稿作成
			□▲プログラム作成・印刷
			□▲賞状作成・トロフィー準備
			□●会場での座席指定
11月	上旬	11月1日	□来年度の会場予約
		1週間前	□●▲学年別リハーサル（体育館にて1時間ずつ）
			●▲クラス紹介者の練習
			□▲アナウンス練習
			□会場掲示物・ビデオカメラ・CD等の準備
			●体調管理の呼びかけ
		前日	□会場搬入物のチェック
		当日朝	□必要物品の搬入
			□会場準備
			▲プログラム配布
		本番前	●▲座席の確認

		本番中	□全体進行管理・指示 ▲進行アナウンス □審査 ●ステージへの生徒誘導
		本番後	□審査集計
		結果発表	□審査講評（外部審査員） □結果発表
		閉会後	□▲会場片づけ
		翌日以降	□賞状能書 □全校集会で表彰 □学校全体としての教職員のふりかえり □音楽の授業としての生徒のふりかえり □▲実行委員会としてのふりかえり ●学級としてのふりかえり ●学級通信での様子の紹介

　改めて書き出してみると，5か月もの時間をかけてじっくり作り上げていることを再認識しました。近頃では「時短」という言葉がいたるところで使われますが，生徒たちの満足度，やりきった感を上げるためには，やはりこれくらいの時間が必要なのです。

3 押さえておきたい担任の出番!!

練習が始まるまでに…

出番❶ 心許せる度をつかめ！

　声は，心が許された空間でないと安心して出すことができません。普段の教室の風景を思い浮かべてみてください。特に休み時間は，にぎやかなものです。それは，心許せる友だちと一緒にいるからです。

　歌うときも同じです。心許せていない人の隣では，声が出しづらいものです。生徒たちの心許せている度をつかむことが，のちのちの立ち位置（並び）へのアドバイスに役立ちます。

出番❷ いじられ役をつかめ！

　クラスの中に「この子に話題をふるとクラスが盛り上がる！」という生徒がいませんか？　担任が生徒を「いじる」なんてことは，けしからんとお叱りを受けそうですが，担任がいじれる生徒は，クラスにとってとても貴重な存在で，クラス経営になくてはならない貴重な存在です。

　その生徒は，自主的，自発的にムードを高めようと積極的に言動する生徒ではなく，どちらかというと普段は控えめだけれども，何かと話題を提供してくれる生徒です。その生徒のちょっとしたつぶやきやしぐさを拾って広めることで，クラス全体が優しい笑いに包まれたり，和やかになったりします。

　そんな生徒が，合唱の練習のときに見せる一生懸命な言動が拾えたらしめたものです。クラスのムードを一変し，追い風を巻き起こしてくれます。

出番❸ ピアノが弾ける生徒をつかめ！

本校生徒へのアンケートによる習い事ランキング2017は次の通りです。これは，現在やっているものと過去やっていたものの両方での順位です。

【男子】

順位	習い事
1位	英会話
2位	習字・書道
3位	**ピアノ・エレクトーン**
4位	水泳

【女子】

順位	習い事
1位	**ピアノ・エレクトーン**
2位	英会話
3位	水泳
4位	バレエ

地域によって，ピアノが弾ける生徒の人数（割合）には差があります。しかし，ピアノを習っている（習っていた）生徒は，クラスの中に一人以上はいるということが言えます。

担任は，どの生徒が弾けるのかという情報をつかみましょう。

出番④ 顔の表情が豊かな生徒をつかめ！

　忘れもしません。私は，大学生のときの飲み会の席で，突然，声楽科の先輩に「小村の顔は能面だ。歌を歌う者がそんな無表情な顔でどうする？　特に目に表情がない」と，かなりの勢いで言われました。歌っているときの顔の表情だけでなく，日常からそうだということでした。

　それまでまったく意識していなかった自分の顔の表情について，突然先輩からきつく指摘されたことへのショックで，どうすればいいかわからず，一気に酔いも覚め，そのときから悩む日々が続いたことを思い出します。

　あれから30数年……自分の表情筋にはまったく自信がもてないままです。歌の上手，下手よりも顔の表情が豊かな生徒を見つけるとうらやましい限りです。ですから，時々自分の表情を鏡で確認します。

　担任のお仕事として，歌っているときに限らず，普段から豊かな表情を浮かべている生徒をキャッチしましょう。その生徒の顔の表情は，見る者の心を和らげているはずです。

　そんな顔の生徒の表情をお手本にして歌わせることでクラスの心も和らぎ，発声のテクニックうんぬんではなく，一気に歌声が明るく変化すること間違いありません。

出番⑤ スポーツに意欲的な生徒をつかめ！

　相撲の力士やプロ野球選手などのプロスポーツ選手たちによるカラオケ番組を時々観ることがあります。その選手たちのプロの歌手顔負けの歌唱力に驚きます。

　スポーツ選手はなぜ歌うことがうまいのか？　そんな問いが生まれてきます。

　私はこう考えます。

・団体競技であっても基本は個人プレイ　→　気持ちの強さ

・有酸素運動による肺活量の多さ

・呼吸筋が鍛えられていることによるブレスコントロールのうまさ

・体を瞬発的に動かすことによるリズム感のよさ

　部活動の校外の合唱コンクールに混声合唱でエントリーする学校は，他の部との兼部をしている男子で編成する学校が多いです。それもスポーツ部との兼部の生徒がほとんどを占めます。

　これはやはり，スポーツをすることでのメリットが歌うことにつながっていると考えます。

　私が中学3年生のときのクラス合唱の指揮者は，野球部のエースピッチャーでした。彼が指揮をすることになった経緯は，記憶が薄れており覚えていませんが，もしかすると，彼の気持ちの強さとリズム感のよさから選ばれたのかと思います。

　スポーツをやっている生徒たちは，「身のこなしがいいね！」とか「瞬発力があるね！」，「リズム感いいね！」などと声をかけられると気分いいものです。スポーツをやっている生徒に限らず，普段から運動神経のよさそうな生徒を見つけて，意識的に自尊感情が引き上がるような言葉をかけましょう。

実行委員へ…

出番❻ 任せる！

　生徒の実行委員会を組織して合唱コンクールを運営している学校も多いかと思います。その実行委員の人数や役割は，学校によってさまざまだと思います。

　本校の実行委員は，各クラス2名で男女を問いません。その実行委員の仕事は次のようなものです。

・自由曲の選曲，指揮者・ピアニストの選出に関すること。

・コンクール当日の学級紹介に関すること。

・クラスでの朝練習，昼練習，放課後練習に関すること。

・クラスに配布されるキーボードの管理。

・コンクール当日の進行。

　これらの役割の中で，学級に関することではとにかく任せてみることです。1年生担任の場合は，生徒にとって初めての合唱コンクールなので，多少の先走った口出しは必要かと思います。ですが，10月や11月頃の開催の場合は，1年生もすでに学校の空気を感じ，先輩たちの動きを見ながら自分たちで上手に動けるものです。

　とにかく，任せられるだけ任せてみましょう。

パートリーダーへ…

出番 7　担任の思いの種まき！

　パートリーダーの選出は，だいたいが音楽の授業の中で行われ，パート内での立候補や推薦で決まります。そこに担任の思いは届きません。

　そこで，普段の会話や教育相談などのときに，担任の思いをそれとなく伝えておきましょう。たとえば，「いつもクラスの話題の中心にいるよな。だからパートリーダーとかやってみない？」とか「いつもクラスを元気にしてくれるから，合唱コンクールに向けての何か役をやってみないか？」などの言葉かけをして，担任の思いの種まきをしておきましょう。

出番 8　見守る！

　パートリーダーになる生徒は様々です。音楽的なことがわかっている生徒がリーダーの場合，強みが発揮できるよう口出しせずに見守りましょう。その生徒は，音楽に対するプライドをもっています。その生徒の自尊感情をさらに高めるためには見守り，任せることです。

　一方，推薦されたけど，音楽のことがよくわからなく今一つ低いモチベーションからスタートしたリーダーもいるでしょう。その生徒の自尊感情を引き上げるチャンスでもあります。

　生徒は，与えられたポジションで自分なりに這い上がってくるものです。最近ではインターネットの普及で，曲を検索して聴くことが容易にできます。曲を何度も聴いたり，音楽記号を調べたり，音楽のことがよくわからない生徒も，なんとか意見が言えるようにと努力できる環境にあります。

　担任はとにかく見守ること。放任ではありません。意図をもって見守ることです。いざ，生徒からの質問や悩みに返答できる備えをした上での見守りがリーダーの成長を導きます。

自由曲の選曲で…

出番⑨ 懐メロと思っているのは教員だけ！

　今なお，多くの人たちから慕われ歌われている「大地讃頌」。合唱曲の多くは，今も歌い継がれている曲がたくさんあります。

　みなさんが歌った合唱曲は何ですか？

　私が中学生の頃から大学生の頃までに歌った記憶のある曲を挙げてみます。

- ・気球にのってどこまでも（東　龍男 作詞／平吉毅州 作曲）
- ・翼をください（山上路夫 作詞／村井邦彦 作曲・編曲）
- ・ともしびを高くかかげて（岩谷時子 作詞／冨田　勲 作曲）
- ・野生の馬（中村千栄子 作詞／岩河三郎 作曲）
- ・親知らず子知らず（山本和夫 作詞／岩河三郎 作曲）
- ・巣立ちの歌（村野四郎 作詞／岩河三郎 作曲）
- ・仰げば尊し（作詞者・作曲者不詳）
- ・「小さな空」全曲（武満　徹 作詞・作曲）
- ・「土の歌」より全曲（大木惇夫 作詞／佐藤　眞 作曲）
- ・「レクイエム」全曲（モーツァルト 作曲）

教員になってから出合った曲で，今でも印象に残っている曲。

- ・ひとつの朝（片岡　輝 作詞／平吉毅州 作曲）
- ・スター（佐藤雄二 作詞／松下　耕 作曲）
- ・飛行船（黒岩路子 作詞／藤澤道雄 作曲）
- ・マイバラード（松井孝夫 作詞・作曲）
- ・少年の日はいま（しまなぎさ 作詞／鈴木行一 作曲）
- ・涙をこえて（かぜ耕士 作詞／中村八大 作曲）

- 怪獣のバラード（岡田冨美子 作詞／東海林修 作曲）
- そのままの君で（松井孝夫 作詞・作曲）
- 旅立ちの日に（小嶋 登 作詞／坂本浩美 作曲）
- 夢の世界を（芙龍明子 作詞／橋本祥路 作曲）
- カリブ夢の旅（平野祐香里 作詞／橋本祥路 作曲）
- 明日に渡れ（風戸 強 作詞／松下 耕 作曲）
- 明日という大空（平野祐香里 作詞／橋本祥路 作曲）
- 信じる（谷川俊太郎 作詞／松下 耕 作曲）
- ヒカリ（瀬戸沙織 作詞／松下 耕 作曲）
- 群青（福島県南相馬市立小高中学校平成24年度卒業生 作詞／小田美樹 作曲）
- はじまり（工藤直子 作詞／木下牧子 作曲）
- 手紙〜拝啓十五の君へ〜（アンジェラ・アキ 作詞・作曲）
- 友〜旅立ちの時〜（北川悠仁 作詞・作曲）

　音楽も進化します。でも，人々の心の琴線に触れるものは大きく変わらないと思います。いつの時代もどこの誰にも普遍的に共感される音楽，楽曲が歌い継がれ，残り続けていくのだと思います。

　合唱コンクールの選曲にあたって，担任自らが耳にした懐メロ合唱曲を選曲の話し合いに思い切って提案してみましょう。意外に受け入れられるかもしれませんよ。

出番⑩ クラスに合う選曲とは？

クラスに合う選曲と簡単に言われてもどう考えればいいかわかりませんよね。そこでまず大事なことは，クラスの日常の様子を観察し，このクラスの雰囲気や特徴をつかみ，このクラスの強さは何かということをつかむことです。そして，その雰囲気や強さを前面に出せる合唱曲につなげていくことです。たとえば……

クラスの雰囲気や特徴・強み	クラスの雰囲気や特徴・強みを生かせる曲調
元気があって，常日頃活気のあるクラス	テンポがやや速めで，リズム感のある曲
落ち着きがあり，じっくり取り組むクラス	テンポがやや遅めで，じっくり語りかけるような詩の曲
数学や理科の時間になると目を輝かせるクラス	拍が一定でなく，少し変拍子的な部分があり，詩が「宇宙」などの普遍的なことを語っている曲
国語の五七五などの句を詠むことにハイセンスなクラス	日本語の語感を大切に作曲されている曲
やるときはやる，燃えるときは燃えるクラス	前半は穏やかで，後半盛り上がる曲
男女が仲良しで友愛ムードあふれるクラス	友情をテーマにした詩の曲
どちらかというと男子より女子に勢いがあるクラス	歌い始めが女声パートの曲。女声パートが目立つ曲
どちらかというと女子より男子に勢いがあるクラス	歌い始めが男声パートの曲。男声パートが目立つ曲

あとは，「こんな曲調の曲ないですか？」と音楽科教員に相談しましょう。

出番⑪ 指揮者になった動機・経緯別サポート！

（1）押し付けられた指揮者

> 「口の開け方も小さいし，声も小さいし，やる気も見えないし……だったら歌わなくていいから指揮やってよ」などと言われて押し付けられて指揮者になった指揮者。

　この指揮者へのサポートの前に学級運営を見直しましょう。道徳の授業に力を入れましょう。その上で，この指揮者には，担任が全面的にサポートをすることを告げましょう。

　この指揮者に寄り添う生徒がいるはずです。その生徒を含めた定期的な面談をしましょう。その中で，手の振り方などのアドバイスができるといいですね。心のサポートによって自尊感情を引き上げてやりたいものです。

（2）歌うことから逃避した指揮者

> 「大きな声が出せないし，歌うことも好きでないし……指揮者だったら手さえ振っていればいいから」ということで，歌わなくていいことを最優先に考えて指揮者になった指揮者。

　この指揮者は，普段の音楽の授業に対しても「関心・意欲」が低いと思われます。ですから，指揮者としてクラスをまとめようなどとは少しも考えていないでしょう。なんとか合唱コンクールが終わるまで適当に手を振っていればいいとしか考えていないでしょう。

　この指揮者へのサポートは，間接的なサポートを行います。練習のときに

みんなで意識的に指揮をしっかり見るように声がけしましょう。みんなの熱い視線を毎回の練習で感じれば，なにがしか心が動き始めるだろうことを期待しながら周囲に声をかけ続けましょう。心が動けば，きっと体が動き始めます。

（3）周囲からよいしょされた指揮者

> 「音楽部所属だから指揮できるでしょ！」「小学校で指揮やったことあったじゃん！　あのとき上手だったよ！」「○○くんならみんなからの信頼もあるから！」「○○くんの言うことならみんなついていくから！」などと周囲の「よいしょ」によって選ばれた指揮者。

　このケースでは，周囲の「よいしょ」に対して「僕には無理」などと何度か拒むことがしばしばです。しかし，本人はまんざら悪い気持ちはしていません。もしかすると「よいしょ」に喜びを感じているかもしれません。
　この指揮者には，どんどん「よいしょ」の言葉を投げかけましょう。どんどん気分よくなって頑張ると思います。

（4）周囲と本人の気持ちが合致した指揮者

> 周囲の指揮者をやってほしいという気持ちと，本人のやってみたいという気持ちが合致して選ばれた指揮者。

　誠実な人柄で，普段からいろいろな物事に対して誠意をもって取り組む姿を周囲も見ているのでしょう。信頼が厚いです。そして本人も以前から指揮に興味があり，やってみたいと思っているところの気持ちが合致して指揮者になったわけですから，担任は任せる姿勢で見守り，時々，取り組みに対してほめましょう。

（5）自信たっぷりナルシスト指揮者

> 「このクラスの中の誰よりも音楽のことがわかっているから，音楽的なアドバイスもできる」「指揮のテクニックもわかっているから，このクラスの中でかっこよく指揮できるのは僕しかいない！」などと指揮に対しての自信が過剰なほどあり，指揮者になりたい願望を以前から強くもっていて立候補をしてなった指揮者。

　この指揮者は，よく見ていないと空回りする場合があります。指揮をする腕が空回りするのではありません。あまりにも専門的な音楽用語を連発したり，「えっ!?　無理」と思うような高い要求を出したりすることで，周囲との空気や温度の差が生まれて空回りが生じます。担任は，立候補をしてなった指揮者だからといって，任せっきりにしてしまうとクラスが空中分解してしまうことがあるので，しっかり目を配りましょう。

　この指揮者に対して，「○○って何ですか？」「今言ってくれたことの意味がよくわからないので，もう少しわかるように説明してくれますか」などと言える生徒がいればいいですが，いなかった場合は，担任の出番です。担任が生徒に代わって質問をしましょう。あるいは「今の指揮者からのアドバイスをみんなはわかったかな？」と周囲の生徒に声がけをしていきましょう。

　この指揮者は音楽に対してと指導できることへの高いプライドをもっています。「○○くん，君の言うことはちょっと難しくてみんなついていけてないよ」なんて言ってしまうと，さらにそのプライドを保とうとして，担任との歯車もかみ合わなくなってしまいます。忠告するときには，「忠告1」に対して「ほめ言葉5」の割合で行いましょう。

ピアニストへ…

出番⑫ とにかくリスペクト！

　歌い手，指揮者，ピアニストの三者が一体となってつくり上げるのが合唱です。この三者の中で一番孤独，かつ一番練習をするのは誰ですか？　そうです。ピアニストです。

　ピアノ伴奏を引き受けてくれる生徒は，幼少期の頃からピアノを習い，ピアノを弾くことが大好きな生徒でしょう。だから周囲は勝手に勘違いをしてしまうんです。大好きでお得意なピアノを弾けるからそんなに大変なこととは思わないんです。

　しかし実は，伴奏をすることは，とてつもなく大変なことです。歌い手は，音楽の時間や特別に設定された練習時間に歌うだけです。しかし，ピアニストは，みんなと合わせるまでにプライベートな時間をどえらく費やしています。そして，その時間はとても孤独です。一人で黙々と音符と白黒のモノトーンの鍵盤に向き合い，自分の中で音楽をつくり上げていくのです。

　ですから，担任も他の生徒たちも，ピアニストがプライベートで孤独な時間を費やして，とてつもなく努力していることに対する意識をもち，敬意をもたなければ天罰が下ります。

　「リスペクト」「尊敬」……だから私は，「ピアノ伴奏者」と呼ばず，あえて「ピアニスト」と呼んでいるのです。

学級での練習にて…

出番⑬ うんちくを活かすとき！

　さぁ，やってきました。2章のうんちくを活かすときです。どのうんちくをどの場面で，どのタイミングで引っ張り出すかは，みなさんの3K「感」，「観」，「勘」にお任せです。(「感」＝気持ち，感じ方　「観」＝見方，様子　「勘」＝第六感)

　欲張らず，急がず，あせらず，生徒たちの主体性を踏みにじることのないよう，でも出すときには思いっきり出しましょう。ただし，うんちくの連発は，空気の空回りのもとになることを頭の隅に置きましょうね。

保護者へ…

出番⑭ 保護者の心を動かす！

　現代社会は，ほとんどの書き物が手書きからパソコンの活字へと変わってしまいました。書く手段は変わっても学級通信や学年通信で生徒たちの取り組みの様子を保護者に伝えることは，古今東西，変わりなく続いています。もしかしたら，ペーパーでの通信が，何年後かには電波による学級通信に変わっているかもしれませんね。

　いずれにせよ，そこで大事なのは，その通信に書く内容です。

　内容が，単なる取り組みの事実報告では保護者の心の揺れは少ないです。その取り組みの中で生まれる生徒たちの様子や心の変化を具体的に伝えなければ保護者の心は揺れ動きません。実際の生徒たちの声から拾ったものによって伝えようとしているかが大事です。毎日の生活ノート（担任との交換日記）に書き綴られている生徒の思いを拾いましょう。

　通信を読んだ保護者の心が動けば，保護者は必ずスケジュールをやりくりして当日会場に来てくれます。

本番数時間前に…

出番⑮ バナナ！

　もしも，本番の数時間前に「バナナ」を食べさせることができるのなら，ぜひ食べさせましょう。なぜ？　それは，バナナを食べると歌いたくなるから。その根拠は，1章「7　バナナを食べよう！」に書いています。今一度読み返してみてください。

　合唱コンクールの数日前には，生徒たちの気持ちのベクトルは，ほぼ同じ方向に向いています。その状態での担任の一言は，生徒たちの心に何の抵抗もなく入り込んでいきます。そこで，当日はバナナを持ってくるよう，そして数時間前に食べるよう指示を出します。1章「7　バナナを食べよう！」に書いていることを話してやります。

　学校にバナナを持ってこさせることができない場合，あるいは数時間前に食べさせることができない場合は，当日の朝，家で食べて来るように指示を出しましょう。

　実際にバナナを食べることによるホルモンへの作用はありますが，バナナは生徒たちにとって気持ちを前向きにするお守りだと思ってください。

　ですから，バナナでなくてもいいんです。担任が生徒たちの気持ちを束ねることができると考えたこと，物，食べ物，なんでもいいんです。

本番直前に…

出番⑯ 円陣！

　円陣は，心のエンジンのスタートボタンをON！にします。
すみません。おやじギャグでした。

本番中に…

出番⑰ 無心！

　本番中，担任にできることは，ただただ無心に生徒たちの演奏を聴くことです。音楽は時間芸術です。瞬間瞬間に音が生まれ，次の瞬間には消えていきます。生徒たちが発するその瞬間瞬間の歌声を一つの瞬間も聴き漏らさないために無心で耳を傾けましょう。

演奏直後に…

出番⑱ 見える拍手を！

　日本での拍手のルーツは神事にあるようで，「称賛」「絶賛」というほめたたえる意味での動作としての拍手は歴史が浅いようです。しかし今は，演奏に対する拍手は世界共通の意思表示となっています。

　演奏後には拍手をするもの。これは日本人の演奏会マナーの一つです。礼儀正しく思いやりのある日本人の美しいマナーです。しかし海外では，評価の低い演奏に対しては容赦ありません。ブーイングの嵐ということもあります。日本人はやはり義理と人情の風土なのでしょうか。バレンタインデーの義理チョコも日本人ならではのことなのかもしれませんね。

　しかし，義理チョコならぬ義理拍手を担任がしますか？　するわけがありませんね。担任は，本番の演奏に対してもですが，それ以上にこのステージを終えるまでのすべての過程に対する熱い思いを含んだ拍手を贈るはずです。

　では，その思いを拍手に乗せて，演奏直後の生徒たちへどう伝えるか？それは，ステージ上の生徒たちから見える誰よりも大きな拍手をすることです。座席に座ったまま，誰よりも高く手を挙げて拍手するもよし，立って拍手するもよし，「ブラボー！」と称賛の声を高らかに上げて拍手するもよし。

　とにかく，ステージ上の生徒たちから見える拍手を贈りましょう。

出番⑲ 駆け寄って心のハグを！

　演奏直後に客席以外のところで生徒たちと接触できる場と時間があるならば，担任はすぐに駆け寄り，頑張った生徒たちに声をかけてやるべきです。

　私は，部活動でのコンサートやコンクールの際に，演奏を聴いてくださった方からすぐに声をかけられる経験を何度もしています。「よかったですよ」「聴かせていただいてありがとうございました」「子どもたちの歌っている姿に感動しました」……演奏に対する評価ではなく，率直に思った気持ちをすぐに伝えに来ていただくことに，私たちに寄り添ってもらえていることを強く感じる瞬間です。すぐに声をかけられるだけで心が満たされます。頑張ってきてよかったなと思う瞬間です。また，言葉はなくても演奏後にロビーなどで知った顔の方が拍手を贈ってくれる姿を見ただけでも心が熱くなります。

　日頃から生徒たちを「見守るタイプの担任」は，ロビーに出てきた生徒たちを言葉なく拍手で迎えるだけでいいです。そして心の中でハグをしてやってください。

　日頃から「熱血タイプの担任」は，ここぞとばかりにしっかり声をかけてやりましょう。ただし，周囲の迷惑にならない程度のボリュームで!!　そしてハグをしましょう。これもただし，男性担任，女性担任ともに異性へのハグは慎重に!!

結果発表の瞬間に…

出番⑳ 表情をキャッチ！

担任が演奏前や演奏後，あるいは審査待ちの間に生徒たちによく語ることがあります。「いいか，大切なのは結果だけでない。みんなはこれまで何日も練習してきた。その過程で得たことこそ大切だと思う！」などと。

しかしそう言いながらも，担任も生徒たちと同じ，あるいはそれ以上に結果を気にして審査待ちの時間をドキドキしながら待つものです。それは，純粋に頑張った生徒たちの喜ぶ顔が見たいからです。

生徒たちは，「結果の価値よりも過程の価値」の重さを十分にわかっています。でもやはりいい結果を目指して頑張ってきたからこそ結果には最後までこだわるものです。

さぁ，いよいよ結果発表の瞬間です。生徒たちと同じ空気が吸えるすぐ近くにいましょう。

「第１位○組！」……この瞬間，生徒たちの表情を見渡しましょう。そこで，結果がよかったら喜びにわき立つ生徒たちの表情を積極的に見ることができるでしょう。しかし結果がよくなかったとき，担任自身の気持ちも一気に重くなり，生徒たちに視線を寄せることは，とても心が重いはずです。

しかし，どんな結果でも，担任はその瞬間の生徒たちの表情を目でキャッチしましょう。言葉ではありません。眼です。担任のまなざしです。生徒たちは，担任のまなざしを求めるはずです。

私は音楽科教員のため，クラス合唱でのこういう経験がありません。結果発表のときは，いつもクラスから遠く離れた位置にいます。クラスの生徒の姿すら見ることのできないステージ裏にいることもあります。

ですから，担任にはこうあってほしいと強く思うのです。

翌日…

出番㉑　結果に満足した場合！

「余韻」とは，「あることが終わった（消えた）後に，目には見えないまだ残っているもの」とでも言いましょうか。それは「音」や「気持ち」,「雰囲気」の残りです。中学生活３年間において私が感じる「三大余韻」は……

> ★　がむしゃらに日々取り組んできた部活動の大会でいい結果を残したあとの数週間。
> ★　３年間のめり込んできた部活動の引退後の数週間。
> ★　卒業式後の数日間。

これに加えて，運動会と合唱コンクール後にも「余韻」があります。運動会，合唱コンクールともに，ものすごく心を燃やして取り組んできたからこその「余韻」です。

ですから，結果に満足したクラスの生徒たちの翌朝の心は，心地いい「余韻」に浸っているはずです。さぁ，担任は何をしますか？

> ①　生徒が登校する前に,賞状やトロフィを教室内にきれいに飾る。
> ②　生徒が登校する前に,頑張りをねぎらう熱いメッセージを黒板に書く。
> ③　生徒の登校後はできるだけ教室にいる時間をもち，生徒たちと昨日のコンクールについて語り合う。
> ④　学級朝礼で，改めて結果と過程を称賛する話をする。
> ⑤　生活ノートなどから生徒たちの声を拾った学級通信をつくり，終礼時に配布する。その際に，書ききれなかった生徒たちのコメントも口頭で紹介する。

出番㉒ 満足な結果が得られなかった場合！

　満足な結果が得られなかったクラスの生徒たちのテンションは，どうでしょうか？　この場合の状況は様々です。結果を引きずって魂を抜かれたように表情のさえない生徒，リーダーとしての責任を感じて無気力感を出す生徒，そんなリーダーを気遣って明るくふるまおうとする生徒，結果にとらわれずいつも通り過ごす生徒など様々です。担任としてはどこに焦点を当てればいいのかわからなくなります。

　こんな翌日に担任がしたほうがいいなと思うこと……

① 　練習過程の写真が撮ってあれば，それらを生徒が登校するまでに教室内に貼る。頑張っていた過程に思いを馳せるため。

② 　生徒が登校する前に，気持ちを前に向かせるようなメッセージをさらっとしたタッチで黒板に書く。たとえば，「七転八起」のような四字熟語をスパッと書く。

③ 　「〇〇賞」として担任からの賞状を用意し，さりげなく教室に飾っておく。クラス全体かつリーダー，指揮者，ピアニストへの感謝の気持ちを込めたものを。学級朝礼では，その賞状にはあえてふれない。さりげなく置き，ふれないことで，結果に対する担任のクラスへの思いは伝わるはずです。

④ 　生活ノートなどから生徒たちの声を拾った学級通信をつくる。その際に，担任の思いもしっかり書く。終礼時に配布するときは静かに配布し，紙面に書いている以上のコメントはしない。

出番㉓ 演奏の感想を集めて伝えよ！

　生徒たちは，自分たちの本番の演奏に対しての声を聞きたいと素直に思うものです。結果がどうであっても，やはり一生懸命に取り組んできたことだからそう思うものです。

　その気持ちを満たしてやりましょう。同学年の先生の声，他学年の先生の声，保護者の声などできるだけ多くの人の感想を集めて伝えましょう。そして，音楽科教員の声はぜひとも伝えたいものです。

　音楽科教員からは，演奏全体の印象に加えて，少しだけ音楽的な具体要素を含めた感想を求めましょう。たとえば，「強弱」や「声の響き」「音程」，「パート間のバランス」など。

　それら多方面からの声を整理して，結果がよかった場合は「よかったよ〜」内容10割。結果がよくなかった場合は「よかったよ〜」内容9割，「もう少しこうだったらよかったね」内容1割で伝えましょう。

　メインディッシュを食べ終わったあとにデザートを口にするような感覚です。この感覚，わかってもらえますか？　コンクール後の数日間のまだ「余韻」の中にいる心に，もう少しの満足エキスを注入するわけです。

学年末…

出番24 心のインデックスに刻む！

学年末に「この１年間（３年間）心に残っていることアンケート！」を実施すると，だいたい次のような行事が上位になります。

運動会　　合唱コンクール　　修学旅行　　遠足　　球技大会

この中の全校行事である運動会と合唱コンクールのことは，時間が経過しても薄れることなく心の中に残っているものです。特に３年生のときのことは，細かい場面までかなり記憶に焼き付いているものです。

１年間，あるいは３年間をこうして振り返ることによって，さらに心のインデックスに深く刻み込まれていきます。数年後の同窓会などで，誰かが「合唱コンクールのときにね」と言ったら，「そうそう，あのときはあんなことあったよね」などと当時の場面が具体的に語られるものです。心の引き出しが開かれる瞬間です。

卒業式の前日や当日に，コンクールで歌った曲をみんなで歌うのもいいものです。

本章「２　全体のスケジュール」の表では，「翌日以降」として「学級としてのふりかえり」と書いています。「翌日以降」とは，このようにコンクールから数か月後の学期末に至ることもありです。

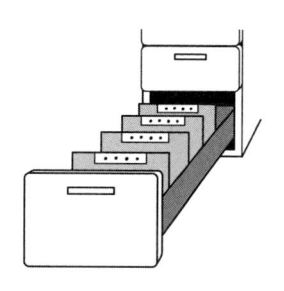

4章

最前線の学級担任が
きっと出くわす！

あるある悩みQ&A

音楽的なうんちくや担任の出番を頭の中に叩き込んだところで，「よーし，これで合唱コンクールに向かっての傾向と対策は万全だ！」と思って安心したらいけません。経験済みの先生方ならおわかりだと思いますが，悩ましいことが次から次に起きます。何か月もかけての取り組みですから，順風満帆にいくわけがありません。順風満帆と思っていた矢先に思わぬことが起きる。そんな予測不可能な現場が学校であり学級です。その最前線にいるのが学級担任。そんな学級担任の生々しく悩ましい悩みにお答えしましょう。

A1 人気の曲に生徒たちの視線が向くのはよくあることです。学級で自由曲を絞り込む際に，生徒たちの判断材料はどこにあるのでしょうか。ありがちなのは，前年の優勝クラスが歌った曲とか，聴いたことがある曲を生徒たちは選びます。ですから，希望順が重なることは予測できることです。

　しかし，すべての展開は予測できません。各クラスの第1希望曲をオープンしてみたら，まったく重ならず，すんなり決まることもあるでしょう。一方，第1希望曲がすべて同じで，一気に雲行きが怪しくなることもあるでしょう。

　希望曲の重なりによるくじ引きでの決定で，第1希望の曲が歌えない……ましてや第2希望曲でもなく，第3希望曲になったら……。

　これはまず，自由曲がここで決定する以前に，第1希望曲以外になっても決まった曲に一生懸命向き合う確認がクラス内でされていたかが重要ポイントになります。それがされていたならば，その気持ちをみんなで再確認すればいいことです。

　しかし，その確認がされていなかった場合は，担任が切々と語るしかないでしょう。

　では，何を語るのか。私はこう語ります。

【その1】

> 第3希望曲になったことをどうとらえるかだ。「神は乗り越えられない試練は与えない」というフレーズを聞いたことがあるか？　そう，これは，もしかしたらこのクラスに与えられた試練かもしれない。だから，この与えられた試練に立ち向かってみようではないか。すべてはやってみなければわからないから。

【その2】

> 曲が演奏者を育てるということを聞いたことがある。あまり上手でない演奏者が，与えられた曲に対して真摯に真剣に向き合っていくうちに，その演奏者のその曲に対する思いが深まっていき，知らず知らずのうちに演奏者の技量が高められていくという話だ。だから，この曲と真剣に向き合ってみないか。すべてはやってみなければわからないから。

もう一つ，このくじを引いた生徒へのフォローが必要ですね。このフォローもすべて神様のせいにしていいです。これが一番丸く収まります。

Q2 ピアノ伴奏をやりたい生徒が二人います。二人ともピアノを幼少期の頃からやっていて，中学校の合唱コンクールでは伴奏をやりたいと以前から思っていたようです。二人とも譲る気配がなく決まりません。こういうとき，どうしたらいいでしょうか？

A2 まずは，二人の生徒に「贅沢な悩みをありがとう！！」と告げましょう。二人のやりたい思いをしっかり聴く時間を設けて，担任の受け止める姿勢を最大に示しましょう。

そして次に，二人と一緒に「決定する方法」を話し合います。何が大切かというと，二人が納得することですから。

話し合いから生み出される決定方法には，「クラス全員を巻き込むやり方」「実行委員，指揮者，パートリーダーを巻き込むやり方」「担任が責任を負うやり方」「音楽科教員が責任を負うやり方」などが考えられます。

そこで，「何で判断するのか？」「その判断する材料をどのように示すのか？」「決定するのは誰なのか？」「そして決定の方法は？」などを明確にして，とにかく本人たちの心が納得するようにしましょう。

【なにで判断する？】

A．やりたい思い

B．ピアノの技量

【判断する材料をどのように示す？】

C．思いを語る

D．伴奏の一部分を弾く

【決定するのは誰？】

E．クラス全員

F．リーダーたち

G．担任

H．音楽科教員

【決定の方法は？】

I．話し合い

J．多数決（投票）

K．担任の客観的判断

L．音楽科教員の客観的判断

これらA〜Lの組み合わせで考えていきましょう。たとえば，次の場合は，〔A・C・E・I〕ですね。

> 本人のやりたい思いをクラス全員で聴いて，クラス全員の話し合いで決定する。

〔B・D・F・J〕ならば，

> ピアノの技量で判断するために，伴奏の一部分を弾いてもらい，それをリーダーたちで聴いて多数決で決定する。

これらのほかにも意見が出てきたときには，しっかり受け止めましょう。何度も言いますが，とにかく本人たちの心が納得するようにしましょう。

もう一つ大事なことがあります。それは，二人のやりたい思いを含めて，学級で起きていることをタイムリーに音楽科教員にきちんと伝えておくことです。いざ，音楽科教員に判断をお願いすることになったときのことを視野に入れながら，相談も含めて今起きていることを全部伝えておきましょう。

音楽科教員も授業をしながらある程度察しはついていると思いますが，こ

こは大人のナイス連係プレイによって，誰を傷つけることもなくうまく収めたいところですから。

オーディションになった場合…

D．の「伴奏の一部分を聴く」ということは，いわゆるオーディションをするということです。オーディションをする場合は，次のようなことを事前に示してやりましょう。

○弾く（審査する）範囲を示す。
○その範囲を練習する時間の猶予を与える。
○オーディションの期日・場所を示す。
○決定するための判断材料（審査項目）を示す。
　たとえば，「安定したテンポ感」「強弱などの表現」「ペダルの使い方（音の純度）」「音のバランス」など……

Q3 ピアノ伴奏になれなかった生徒の保護者から電話がありました。自分の子どもの気持ちというよりも，保護者自身の気持ちがおさまらないような雰囲気です。こういうとき，どうお答えしたらいいでしょうか？

A3 「うちの子は〇歳からピアノを習わせ，今回の合唱コンクールではぜひともピアノ伴奏がしたくて，歌う曲が決まってからは，ピアノの先生にその曲をレッスンで見てもらい，家では夜中まで毎日練習していました。音楽科の先生によるオーディションで決まったとは聞いています。ですから，その決定にどうこう言うつもりはありませんが，とにかく担任の先生には，うちの子がそこまで頑張っていたことをわかっていていただきたくて……」

こういうケースがありますねぇ。ピアノ伴奏だけに限らず，「うちの子は，以前からずっと〇〇をやりたい気持ちが強かったんです。その気持ちを先生にはわかってもらいたくて……」というフレーズを受けることが多くなっているように思います。

こういうときは，言われることにひたすら相槌を打ち，気持ちを受け止めてあげましょう。まだ担任に直接言ってくださるからいいと思いましょう。これが他の保護者さんに愚痴として言われると，口は災いのもとで，音楽科教員批判，担任批判，学校批判へとどんどん飛び火することがありますから。今は特に，ネットを介してどんどん一気に広がっていきますから。

我が子可愛さは，古今東西，親として当たり前の感情として心広く受け止めましょう。でも，こういう電話を初めて受け取ったときは辛いですよね。こう書いている私も若いときは，そんなことを受け止めるキャパはありませんでした。そんな電話がかかってきたときは，先輩教員に聞いてもらいながらお酒を酌み交わしたものです。

Q4 先日まで日に日に合っていた声がばらばらになっているように感じるのですが，なぜでしょうか？

A4 それに気付いたことが，まず素晴らしいです。人が発する声は，感情と結びついています。逆にいうと，人は感情によって発する声音が違います。同じ人でも楽しいときの声音と悲しいときの声音，不安なときの声音は違いますよね。

合唱は，一つのパートを何人もで受けもちます。何人もが同時に同じ音程の音と言葉を歌うわけです。そうすると，一人一人の感情が違うと声がそろわなくなります。「声がばらばらになっているように感じる」ということは，パート内，あるいはクラス全体の感情がばらばらになっているということが言えます。大なり小なりのケンカやいざこざが起きていると思ってまず間違いありません。言葉には出さなくても，しっくりこない感情や反発心を抱いている生徒がいると思います。

私は，部活動の合唱コンクール全国大会直前にこのような状態を目の当たりにした経験があります。この大会までに何か月も取り組んできたのに，全国大会の1週間くらい前からソプラノパートの声質だけでなく音程も合わなくなってきました。これまで数えきれないほど歌ってきたメロディの音が合わなくなったんです。一つの部分を取り出して何度も歌わせても濁るんです。

結局それは，ソプラノのパートリーダーのメンバーたちへの威圧的な厳しい言葉づかいやパート練習によって，他のメンバーの心が不安定になっていたのが原因でした。

残念ながらそのときは，大会までに心の縛り付けを解いてやることができず，本番でも力が発揮できずに大会を終えてしまいました。

Q5 練習が進むにつれて，リーダーとその他の生徒たちのやる気に温度差を感じます。どうしたらいいでしょうか？

A5 「雨降って地固まる」のことわざどおり，長い期間の取り組みだからこそ生まれていいリーダーとその他の生徒たちとの亀裂です。これがあることで地面が固められていきます。しかし，そんなとき，経験の浅い担任は，ドキドキ・ハラハラ・ウロウロするものです。

生徒たちが成長するターニングポイントと受け止めて，リーダーたちが困り始めるのをじっくり待ちましょう。

そして，リーダーたち，またはその他の生徒たちが困り感を訴えてきたときには，次のようなステップを示唆します。

ステップ1…まずは自分たちで！

自分たちで解決できそうか？　できそうなら，まず自分たちでやってみなさい。やり方については相談に乗ります。

ステップ2…担任同席で！

ステップ1で解決できなかった場合，次は私（担任）が話し合いの場に同席します。ただし，まずはみんなの思いや考えをじっくり聞かせてもらいます。そののち，感じたことを述べます。そして，私が感じたことも含めて考えてみます。

ステップ3…担任とともに！

ステップ2で解決できなかった場合は，私が意見を言います。その意見をもとにみんなで話し合ってもらいます。その話し合いの途中で私が積極的に意見を言うこともあります。

生徒には「自分たちだけで話し合いができるか？　それとも先生が同席した方がいいか？」と聞きます。そのときの返答しだいでステップ2やステップ3からスタートすることもあります。

　いずれにせよ，とにかく思いを語らせることです。話し合いが平行線，あるいは硬直することもあるでしょう。時間がかかることを覚悟の上でしっかり向き合わせましょう。雨が降ったらしばらくは地盤が緩みますが，そのうちに固まりますから。

　この類の温度差は，男女の間にもよく起きることです。

A6 音程が合わない生徒に対する技術指導は，音楽科教員にすぐ相談して，音楽科に任せましょう。音楽科教員も授業の中でその生徒のことはキャッチしているはずです。担任は，その生徒の心のフォローを心がけましょう。その生徒もきっと悩んでいるはずです。

そんな生徒に対して，担任と音楽科教員ともに最優先で考えなければならないこと。それは，その生徒が歌うことが嫌いになったり，歌声を封印してしまったりすることがないようにすることです。このことを担任と音楽科教員の共通の思いとして，周囲の生徒に語ってやりましょう。

より効果的なのは，担任と音楽科教員が同じ内容をそれぞれの言葉で違うタイミングで語ることです。担任と音楽科教員は当然相談し合って，思いを共通にするわけですが，同じ言葉を同じタイミングで聞いた生徒たちの心には50％OFFで入っていきます。担任と音楽科教員が示し合わせたことがバレバレで，いくらいいことを語ったとしても生徒たちはしらけます。

しかし，同じ内容のことをそれぞれの言葉で語り，さらにそれを1週間くらいの差をもって語ると生徒たちは何を思うのか。担任がまず教室で語り，その1週間後に音楽科教員が音楽室で語る。すると生徒たちは，音楽科教員が語っているときに，「あれ!?　確か同じようなことを担任も言ってたなぁ」と思い出します。そして「音楽の先生も同じように思っているんだ！」となれば，生徒の心には1週間前の担任の語りがぐいっと心の奥深くに再注入されるわけです。さらに，「音楽の先生と同じ思いをもっているうちの担任はすごい!!!」と，担任の株が一気に上がるわけです。

担任と音楽科教員のまさしく連係プレイです。

Q7 「自分は音痴だ」と言って歌うことから逃げている生徒にどう声がけをしたらいいでしょうか？　そもそも「音痴」な人はいるのでしょうか？

A7

音痴（おんち）とは，音の感覚がにぶく，正しい音の認識と歌が正しく歌えないことやその人を指す言葉。

音楽用語では大脳の先天的音楽機能不全のことを指す。そのため近年では音楽教育の分野で「調子外れ」という用語が使われることがある。

また，時に音の認識に限らず特定の能力が劣る人に対しても使われる。たとえば，方向音痴など。

【参考文献：小学館『新選国語辞典』，平凡社『音楽大辞典』】

Q6にもあるように音程が合わない生徒はいます。しかし，それを音痴と決めつけてはいけません。そもそも音痴な人はいないと考えます。本当に音痴なら日常会話も音痴です。日常会話が音痴というのは，一昔前のロボットのようなしゃべり方をすることです。一文字ずつ一定のリズムで，同じ音の高さでしゃべるしゃべり方です。そんなしゃべり方でないなら，音痴ではありません。

音程が合わない人は，普段からしゃべる声が小さく，声帯筋がしっかり使われていないなどの原因で出せる音域が狭いのだと思います。

ですから，「あなたは音痴ではありません」ときっぱり言ってやりましょう。そして，その生徒が歌うことから逃げる原因，理由をできるだけ探り，その生徒の気持ちに寄り添った言葉かけをしましょう。

「音痴」を理由にすることはなく，口を少ししか開けない，立つのもだるそうにするなど姿を見せる生徒もいます。そんな生徒に対してもそういう姿を見せる原因，理由を探っていきましょう。

「日常の声・歌声」とその考えられる「要因」

日常の声・歌声	要　因	
日常的にしゃべる声が小さく，歌声も小さいタイプ	おとなしい 恥ずかしがりや 照れや 自分に自信がない	歌うことに自信がない 音程がわからない 反抗期 心的要因がある
日常では普通または大声でしゃべっているが，歌になると歌わないタイプ	かっこうつけている 音楽教員が嫌い	変声途中で声が出にくい 音楽への興味関心が低い

「要因」に対する「言葉かけの例」

要　因	言葉かけの例
おとなしい	声は小さくてもいいから，しっかり歌える人の横で歌ってごらん！
恥ずかしがりや	声は出さずに，一度，口だけでも思いっきり開けてみるか！
自分に自信がない	お腹に力が入るかな？ この前見たよ！　掃除頑張ってたな！

歌うことに自信がない	この世の中でたった一つのあなたの楽器を磨いてみない？
音程がわからない	周りの声をよく聞くようにしてごらん！ 片方の耳をふさいで歌ってごらん！
反抗期	まぁ，歌いたくないときもあるわな！ 声出したらすっきりするかもよ！
心的要因がある	声を出しても大丈夫だよ！ 歌いたくなったら声を出してみようか！
変声途中	今は音程とか外れてもしょうがないから歌う気持ちを大切にしよう！
音楽への興味関心が低い	人間の体内には音楽があるんだよ。どういうことかわかる？　そう，心臓の鼓動！
かっこうつけている	○○くんのかっこいい声聞かせてくれよ！ いい体格してるな！　絶対いい声出るよ！
音楽教員，または担任が嫌い	僕のことが嫌いでも音楽を嫌いにならないでください。

　実際なかなか難しいことではあります。心が折れることしばしばです。最後の決め文句……それは，「すべてはやってみなければわからないから」。すみません，今私がはまっている決め文句です。

Q8 クラス全員の気持ちが同じ方向に向くことは難しいことだとわかっています。それでもやる気を示さない生徒にはどういう声がけをしたらいいでしょうか？

A8　私は「ベクトル」という言葉をよく使います。「ベクトル（vector）」は数学や理科で使う言葉で，物理学的には「空間における大きさと方向をもった量」という意味があります。日本ではいつの頃からかビジネス用語として使われるようになり，「方向」という意味で定着し，「物事の向かう方向と勢い」という意味で使われます。

　私はこんな図を書いて話をします。

（A）

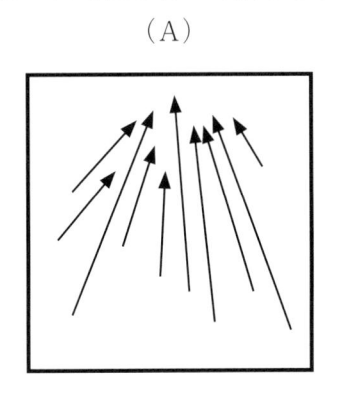

（B）

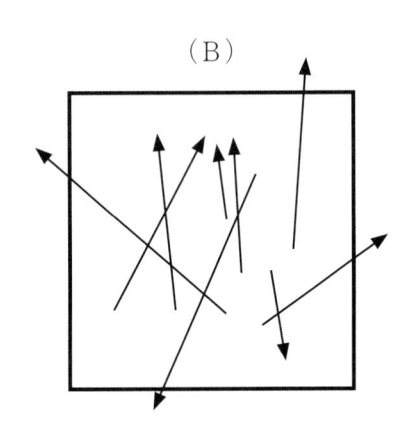

　（A）（B）ともに集団を表しています。その中の矢印がその集団の構成メンバーの心のベクトルです。そして矢印の長さはその人の思いのエネルギーだと思ってください。

　（A）はどんな集団でしょう？　思いのエネルギーがある程度同じメンバーで構成され，その思いは同じ方向に向いている集団です。そうです。部活動の集団です。同じ趣味や同じ目的のメンバーで構成された集団です。ですから一人一人の思いと力が一つに束ねられたときには，ハイパワーな力を発揮します。

そして（B）は，日々の学級集団です。趣味がいろいろ，興味もいろいろ，得意もいろいろ，好き嫌いもいろいろ……とにかく心のベクトルがいろいろな方向に向いている集団が学級です。中には，枠からはみ出ようとしている生徒やはみ出ている生徒もいます。枠からはみ出るということは，その生徒たちのパワーはかなりハイであるということです。

　そんな日々ばらばらな心のベクトルで生活している集団を同じ方向に向けるのが行事です。担任として，行事は心のベクトルを束ねるチャンスです。しかし，そうはうまくいきません。しかし，それがうまくいったときの学級のパワーを想像してみてください。特に，普段，集団からはみ出ている生徒たちの心のベクトルが同じ方向に向いたときのパワーはものすごいものになります。

　やる気を示さないということは，反対方向に発しているパワーが大きいと解釈して語ってやりましょう。

　この図を示しながら，この反対方向に向いているハイパワーを学級のために使ってみないかと熱く語ってください。元テニスプレイヤー松岡修造超えの熱さで語ってください。

Q9 　2年生の担任です。先日，1年生の姉妹学級と交流練習をして，お互いの演奏を聴き合いました。曲の難易度とその時点での完成度の違い（差）はあるにせよ，明らかに僕のクラスは負けていました。演奏後の1年生の配慮あるコメントに頭が下がりました。これから本番までに何をどうしたらいいのでしょうか？

A9 　1年生と2年生の演奏では，2年生の演奏が上手だという場合が多いでしょう。しかし実は，2年生より1年生の方が上手な場合があります。

　1年生は，無邪気で元気はつらつで，声もまだ幼く，声質も高めな時期です。それに対して2年生は，人生のトンネルともいわれる思春期真っただ中。特に男子の声は1オクターブ下がり，キャーキャーはしゃいでいた頃の甲高い声とはおさらばし，一旦,心も声も内にこもる時期です。ですから,声の大きさや明るさという視点で聴くと，1年生の方がうまく聴こえるということです。

　では，何をもって負けていると感じたのか？　耳に聴こえる声の大きさや明るさなのか，それとも目に見える歌う姿（意欲）なのか？　担任として，そこのところの冷静な見極めが大切ですね。その見極めあってこその次のステップです。なんだかんだ言って，先輩は先輩としてのプライドがあります。こういう姉妹学級との交流練習や中間発表会などを積極的に行って，先輩としてのプライド意識をくすぐってやりましょう。

　また，負けたと感じた理由はどうであれ，素直に負けと感じたのなら，リベンジを果たす2回目の交流会を開くのもいいでしょう。

　合唱コンクールは，数か月に及ぶ長期行事です。数か月先のゴールだけを見ていると，どこかで気持ちの緩みや歪みが起きてきます。ですから，短い期間での小さい目標設定をしながら進んでいきましょう。「短期目標」や「中期目標」，「中長期目標」など小刻みな目標設定をして，それを目指して取り組んでいきましょう。

Q10

ある一人の生徒からこう言われました。「先生，行事に一生懸命になることで得られるものがあることはわかります。でも，なんで合唱なんですか？ そして，なんで合唱で競うんですか？ 運動で競うのはわかります。音楽って競うものですか？」この生徒にどのように返答すればいいでしょうか？

A10

この質問への Answer は，どうかみなさんお一人お一人がご自分の言葉でここに書き綴ってみてください。書いた日付も記して，そして何年後かにまたこの本を棚から引っ張り出して読み返してみてください。

年　　　月　　　日

おわりに

　今から30年前，初任の学校で卓上ミシンくらいの大きさのワープロと出合い，その５年後，次の学校ではパソコン上で世界がつながるというチンプンカンプンな説明を受けました。そして今，様々なICT機器が生み出され，AI人工頭脳が様々な分野に侵食し始めています。いったいこの先どんな世の中になっていくのでしょうか？

　AIが私たちの生活に入り込んでくることによって，今ある職業の約半数はなくなるかロボットが代行するといわれています。その中で絶対になくならないといわれているのが教職です。人を育てることは人にしかできないということです。これは誰もが納得することです。教員の仕事はそれだけ尊いものということです。

　私の教員生活はぼちぼちカウントダウンが始まりそうです。この先世の中が変わり，教育のスタイルが変わったとしても，「クラス合唱」の灯火は絶対に絶やさないでほしいと強く願います。歌を歌う技能を高めることや音楽的な感性を磨くことは一人でもできます。しかし，人と人のつながりの大切さに気付く心は，みんな一緒に同じ方向を向いて取り組む「クラス合唱」だからこそ育まれるものです。

　どうかこの価値ある取り組みの灯火を絶対に絶やさないでください。

　そして，学級担任頑張れ！！

2018年８月

小村　聡

【著者紹介】

小村　聡（おむら　さとし）

1965年島根県出雲市生まれ。島根大学教育学部特別教科（音楽）教員養成課程声楽専攻卒業。1989年島根県公立中学校教員として採用。2006年から島根大学教育学部附属中学校に勤務。1994年島根県民ミュージカル「あいと地球と競売人」(東 龍男 脚本／平吉毅州 作曲) 初演に競売人役で出演。その他県内において歌劇「魔笛」(モーツァルト作曲)にタミーノ役，歌劇「カルメン」(ビゼー作曲)にレメンダード役で出演。出雲阿国歌舞伎発祥400年記念創作群読音楽劇「おくにの空」等の音楽監督を務める。2017年までの合唱部顧問を務めた20年間のうち，全日本合唱コンクール全国大会に11回，NHK全国学校音楽コンクール全国コンクールに4回出場。
DVD「心が動けば，身体が動く！生徒のやる気を高める合唱指導～島根大附属中・小村先生に見る，合唱づくりのⅠ・Ⅱ・Ⅲ～」(ジャパンライム)
2011年6月からの2年間，『教育音楽 中学・高校版』(音楽之友社) にて「おむさんの歌唱指導」を連載。その他，同誌及び『授業力＆学級統率力』(明治図書) の特集記事などを執筆。
主な著書に，『スペシャリスト直伝！中学校音楽科授業成功の極意』(明治図書) がある。

〔本文イラスト〕木村美穂

中学校音楽サポートBOOKS
中学生を本気にさせる！
学級担任のための合唱コンクール指導

| 2018年9月初版第1刷刊　©著　者 | 小　　村　　　　聡 |
| 2019年8月初版第2刷刊　発行者 | 藤　原　光　政 |

発行所 明治図書出版株式会社
http://www.meijitosho.co.jp
(企画)木村　悠 (校正)奥野仁美
〒114-0023　東京都北区滝野川7-46-1
振替00160-5-151318　電話03(5907)6702
ご注文窓口　電話03(5907)6668

＊検印省略　　　　　　組版所 藤原印刷株式会社

Printed in Japan
JASRAC 出 1807298-902　　　　ISBN978-4-18-280117-4

もれなくクーポンがもらえる！読者アンケートはこちらから
→